Orar 15 dias com
DOM HÉLDER CÂMARA

MARIE-JO HAZARD

Orar 15 dias com
DOM HÉLDER CÂMARA

Tradução de Pe. Afonso Paschotte, C.Ss.R.

EDITORA SANTUÁRIO
Aparecida-SP

COORDENAÇÃO EDITORIAL: Elizabeth dos Santos Reis
COPIDESQUE: Ana Lúcia de Castro Leite
REVISÃO: Maria Isabel de Araújo
DIAGRAMAÇÃO: Alex Luis Siqueira Santos
CAPA: Marco Antônio Santos Reis

Título original: *Prier 15 jours avec Dom Helder Camara*
© Nouvellé Cité, 2003
ISBN 2-85313-430-X

Dados Internacionais de Catalogação na Publicação (CIP)
(Câmara Brasileira do Livro, SP, Brasil)

Hazard, Marie-Jo
  Orar 15 dias com Dom Hélder Câmara / Marie-Jo Hazard; tradução de Afonso Paschotte. — Aparecida, SP: Editora Santuário, 2003. (Coleção Orar 15 dias, 9)

  Título original: Prier 15 jours avec Dom Helder Camara.
  Bibliografia.
  ISBN 85-7200-877-2

  1. Amor 2. Câmara, Hélder, 1909-1999 3. Igreja e pobres 4. Liberdade 5. Oração 6. Vida espiritual I. Título. II. Série.

03-6360   CDD-282.092

Índice para catálogo sistemático:

1. Arcebispos: Igreja Católica: Biografia e obra 282.092

Agradecimentos ao Instituto Dom Helder Camara pela cessão do texto original das obras citadas neste livro.

Todos os direitos em língua portuguesa reservados
à **EDITORA SANTUÁRIO** - 2003

 Composição, impressão e acabamento:
EDITORA SANTUÁRIO - Rua Padre Claro Monteiro, 342
Fone: (0xx12) 3104-2000 — 12570-000 — Aparecida-SP.

Ano: 2007 2006 2005 2004 2003
Edição: **9** 8 7 6 5 4 3 2 1

INTRODUÇÃO

Passar quinze dias com Dom Hélder Câmara é correr um duplo risco: o de um amor muito profundo e o de uma liberdade maior.

Um amor muito profundo para com este mundo onde fixamos nossas raízes e aí descobrimos, dia a dia, a mediocridade e a baixeza, mas com o qual queremos contribuir para sua transformação, como ele mesmo procurou fazer.

Um amor muito profundo para com os homens e as mulheres de nosso tempo, porque ele nos ensina a descobrir neles o rosto de Jesus Cristo e a reconhecê-los como irmãos de sangue, salvos pelo mesmo sangue do Cristo na cruz.

Um amor muito profundo para com uma Igreja da qual lamentamos os medos ou a audácia, porque ela é nossa família, imperfeita como toda sociedade humana, mas chamada a se converter sem cessar ao Evangelho de seu Fundador.

Um amor muito profundo para com um Deus Pai, Filho e Espírito, discreto e atento a cada um e que humildemente convida a humanidade a participar do acabamento da criação: ele, o Perfeito, quis criar o imperfeito para que seus filhos pudessem contribuir com sua obra.

O risco que se corre é também aquele de uma liberdade maior.

Uma liberdade maior face aos sistemas que engendram a injustiça e a exclusão; face às regras do comércio internacional que constroem a riqueza de uns sobre a pobreza de outros; face aos detentores do poder quando o utilizam em benefício de seus interesses pessoais e não em prol do povo que deles depende. Dom Hélder usou de sua liberdade para denunciar, interpelar... apesar dos riscos incorridos.

Uma liberdade maior para criar experiências novas, mesmo em menor escala, que serão as primícias de uma sociedade mais humana.

Uma liberdade maior no seio da Igreja. Cristo não veio para contabilizar os pecados do mundo, mas para tomá-los sobre si e libertar a humanidade. É a boa-nova que a Igreja tem como missão anunciar ao mundo: ele está livre do pecado, desde hoje. O homem, porém, deve trabalhar para tornar efetiva essa libertação. Mesmo se para isso precisar se opor aos sistemas políticos vigentes. Mesmo se isso venha a abalar certezas nas quais foi educado. Sempre, porém, buscando, sozinho ou como Igreja, a fidelidade do Evangelho.

Hélder Câmara foi um homem livre, um bispo livre. Ele colocou sua liberdade a serviço de um

amor maior, o que lhe acarretou não somente celebridade mas também inimizades. Ele aceitou e le-
vou até o fim esse duplo risco do amor e da liberdade, na fidelidade constante ao mundo a que per-
tencia, à Igreja em que foi batizado e ordenado, ao
Deus de Jesus Cristo que lhe revelou essa Igreja.

Correu o risco de se equivocar, mas quem
pode dizer que ele agiu sem se expor ao fracas-
so? Ele correu o risco de fazer inimigos, mas o
Cristo também não fez inimigos que quiseram
sua morte? Correu o risco do desânimo, do can-
saço, e sem dúvida foi, muitas vezes,
desencorajado. Ele, porém, tinha no coração uma
Esperança que sempre fez dele um vencedor.

E acima de tudo sua vida foi oração e ação,
ao mesmo tempo. Certamente houve momentos
onde a ação tinha primazia e outros intensamen-
te consagrados à oração. Jamais, porém, sepa-
rou a ação da oração: a oração, a eucaristia foram, no sentido mais real, o ar que respirava,
que alimentava sua ação.

Dom Hélder, um modelo? Seguramente.
Mas sua humanidade e humildade fazem-no também próximo. E se ele recusa certa concepção
do profetismo, ele aí reconhece uma que é um
apelo, dirigido à Igreja e a todo homem: *levar a
boa notícia aos pobres, abrir os olhos, libertar.*
Então, Dom Hélder, um profeta...

TRAÇOS BIOGRÁFICOS
Dom Hélder Pessoa Câmara (1909-1999)

Pessoa é o sobrenome de sua mãe. Câmara, o de seu pai. E Hélder? Por que Hélder? Sua mãe queria que se chamasse José. Seu pai, no entanto, gostava do nome do porto de pesca, ao norte dos Países Baixos: este será, então, o nome do recém-nascido.

Hélder Câmara nasceu em Fortaleza, no Estado do Ceará, no dia 7 de fevereiro de 1909. Décimo primeiro dos treze filhos da família. Deles, cinco morreram bem cedo, ceifados por uma epidemia de gripe. Seu pai, um modesto guarda-livros de uma sociedade comercial. Sua mãe, professora primária, dava aulas na própria casa. Em casa, nada de luxo! Os salários dos familiares nem sempre eram suficientes para alimentar toda a família, e como um e outro tinham horror a dívidas, muitas vezes a mãe reunia os filhos e explicava: "Escutem! É preciso suprimir alguma coisa: a manteiga, a sobremesa..." Assim os filhos eram associados à decisão.

De sua mãe, numa época em que a educação cristã consistia em ver pecado em tudo, o pequeno Hélder recebeu antes de tudo uma visão positiva ou, como dirá mais tarde, *lições de vida*. De seu pai, maçom — não, porém, anti-religioso ou anti-cristão —, ele aprendeu a generosidade. Quando Hélder lhe anuncia a decisão de ser padre, seu pai o adverte : "Meu filho, você sabe o que é ser padre? Padre e egoísmo nunca podem andar juntos. O padre tem de se desgastar, se deixar devorar..."[1] Aos quatorze anos, em 1923, o jovem Hélder entra no seminário diocesano de Fortaleza. Segue a formação clássica dos padres da época, mantidos afastados do mundo; aí são preparados mais para enfrentá-lo que para conhecê-lo e exercitados para refutar as heresias, sustentar debates teológicos e principalmente tudo decidir e tudo fazer por eles mesmos: os leigos estão lá principalmente para assistir à missa, rezar e, eventualmente, fazer alguns serviços. No seminário os candidatos ao sacerdócio também aprendem a respeitar a autoridade e a ordem, e a se precaver contra o comunismo, "intrinsecamente perverso", considerado como o pior inimigo da Igreja.

Hélder Câmara recebeu a ordenação sacerdotal no dia 15 de agosto de 1931. Em 1930 aconte-

---

[1] *Dom Hélder: pastor e profeta*, 10.

ceu no Brasil uma "revolução", cujo resultado *não foi uma mudança de estruturas mas apenas de patrão, ou antes, uma mudança entre os patrões*.[2] Para os novos padres que aprenderam no seminário que "a melhor revolução é pior que a pior legalidade", é de rigor a vigilância máxima. Assim quando em 1933 nasce a Ação integralista, versão brasileira do fascismo de Mussolini, o jovem padre se põe muito naturalmente ao lado desse movimento, com o apoio do bispo de Fortaleza: aí ficará até a proibição do partido pelo presidente Getúlio Vargas, em 1937. Em 1936 foi chamado ao Rio onde permanecerá vinte e oito anos. Tem então 27 anos. Até sua partida para Recife, em 1964, assume responsabilidades no seio do governo federal (principalmente no campo do ensino), recusando-se terminantemente a assumir funções propriamente políticas.

Na Igreja o jovem padre se vê encarregado de tarefas importantes: diretor técnico do ensino religioso e da renovação do ensino da catequese da diocese; responsável pelo secretariado nacional da Ação Católica; responsável pela preparação, em nível nacional, do Ano Santo (1950)... No contato com a realidade da

---

[2] Dom Hélder, *Las Conversiones de un Obispo*, 58.

Igreja no Brasil, constata o isolamento dos bispos em suas dioceses e sente a necessidade de lhe oferecer a possibilidade de trabalhar em conjunto: dessa intuição nascem, em 1952, a Conferência Nacional dos Bispos do Brasil (CNBB), da qual será o primeiro secretário geral, e em 1955, o Conselho Episcopal Latino-Americano (CELAM).

No dia 20 de abril de 1952 Hélder Câmara recebe a ordenação episcopal. É nomeado bispo auxiliar do Rio. Escolhe como lema: *"Em tuas mãos"*. Um total abandono nas mãos de Deus.

É no Rio, no Congresso Eucarístico Internacional de 1955, que vai de fato descobrir a miséria e tomar definitivamente a decisão de servir aos pobres. Quando se abre o Concílio Vaticano II, em 1962, acolhe com entusiasmo esse acontecimento que será, assim espera, uma primavera da Igreja. Se não toma a palavra uma única vez nas sessões plenárias, mostra-se no entanto muito ativo nas comissões e encontros informais, desejoso de ver esta Igreja que ele ama mostrar-se digna de seu Fundador fazendo abertamente e sem reserva a opção preferencial pelos pobres.

Em 1964, às vésperas do golpe de Estado que instaura uma ditadura militar que durará até 1985, Hélder Câmara é nomeado bispo de Olinda e Recife, no Estado de Pernambuco.

O Ceará me preparou para o Rio, e o Rio me preparou para o Recife. Porque foi ao chegar em Recife que eu tive esta visão mais completa do Nordeste, dentro do Brasil, dentro da América Latina, dentro do Terceiro Mundo, dentro do Mundo.[3]

Bispo de todos, começa a viver ao pé da letra, com a Igreja e todo o povo de sua diocese, os ensinamentos do Concílio: colegialidade, responsabilidade dos leigos, enraizamento da Igreja diocesana na sociedade, formação de padres e de leigos, criação de comunidades eclesiais de base... Também ação em favor dos mais pobres, interpelação dos responsáveis políticos e econômicos, denúncia das injustiças, das prisões arbitrárias, das violações dos direitos humanos...

Atuante em sua diocese e em seu país, logo se torna conhecido no mundo inteiro: ele não hesita em denunciar o que se passa no Brasil, aborda também as questões referentes aos países aos quais é convidado: exploração do Terceiro Mundo pelas grandes potências industriais, sistemas econômicos que geram exclusão, comércio de armas... No Brasil e fora recebe prêmios e distinções — 717 durante seu episcopado!

---

[3] *Dom Hélder: pastor e profeta*, 10.

Sua palavra, porém, incomoda. No Brasil, logo reduzem-no ao silêncio e até mesmo proíbe-se qualquer menção de seu nome na mídia. O Vaticano também se pronuncia e o obriga a limitar suas viagens ao estrangeiro. Ele aceita tudo, muitas vezes, na dor, abandonando-se sempre com uma confiança absoluta nas mãos de Deus.

Em 1985, ele se recolhe. Seu sucessor põe em prática uma pastoral de total ruptura com aquela que ele havia suscitado na diocese. Dom Hélder assiste em silêncio à destruição de sua "obra". Ele que fez a opção pelos pobres, que conheceu uma espécie de morte civil, na época da ditadura, faz a experiência do despojamento pessoal, do vazio imenso que só Deus pode preencher. No dia 27 de agosto de 1999 ele se entrega totalmente nas mãos de Deus.

Primeiro dia

DA TERRA NATAL PARA
O MUNDO TODO

Claro, Senhor,
que tua graça me ajudaria
a agradecer e amar
qualquer recanto da Terra,
em que me fizesses nascer...
Será surpresa que eu te diga
que agradeço
de modo especial
ter nascido no Ceará!?[1]

Não haveria aí um pouco de bairrismo e de vaidade? A menos que fosse um profundo carinho... e muito humor! De resto, na leitura dessa oração veríamos quase piscar os olhos maliciosos de Dom Hélder e um largo sorriso iluminar seu rosto. Um pouco bairrista, de fato. Orgulhar-se de sua terra e de seu povo em que vê uma *síntese do mundo.*

---

[1] *Em tuas mãos, Senhor!*, 71

Dom Hélder, no entanto, não deixa de criticar seu Ceará! Secas e inundações que vêm reforçadas de *outros fenômenos, de fenômenos sociais*, fazem dessa região uma terra de exílio: os cearenses partem para o Sul do país ou para a Amazônia, em busca de melhores condições de vida.

Porque este povo é corajoso e altivo, explica Dom Hélder, *capaz de enfrentar o sofrimento, a dificuldade*, trabalhador e criativo, profundamente ligado à terra que é obrigado a deixar... mas para onde retornam quando se apresente a ocasião. Com certeza o cearense também tem seus defeitos, afirma o bispo: certa vaidade, certo orgulho, também uma dose de inconsciência, talvez... Qualidades e defeitos que os fazem fascinantes e que o bispo de Recife parece encarnar.

É, pois, esta terra ingrata que Dom Hélder tanto ama! A quem se espanta, responde:

> É muito fácil amar a própria mãe quando é bela, inteligente... Mas quando se é filho e se trata de nossa própria mãe, não é a beleza nem a inteligência o que decide. É o coração. O Ceará é nossa terra, nossa mãe, e isto nos comove. Além disso percebo outras razões profundas, em sua maior parte inconscientes, sem dúvida. No fundo, bem lá no fundo mesmo, nós percebemos que o ho-

mem, a criatura humana recebeu do Criador e Pai não simplesmente um direito, mas também um dever de domesticar a natureza e completar a criação. Penso que os cearenses sabem, por instinto, que não se tem o direito de atribuir a Deus o problema da seca e das inundações.[2]

Cearense, nordestino, Hélder Câmara tem consciência, como todos seus compatriotas, de pertencer a um país. Um país imenso, de dimensão continental (quase 17 vezes a França), onde convivem populações de origens muito diversas: descendentes de índios que habitavam o país antes da chegada dos portugueses, escravos arrancados da África, portugueses e migrantes provenientes de outros países europeus ou mesmo da Ásia. Uma população, hoje, extraordinariamente mesclada, cuja diversidade encontra-se reunida numa só língua, o português, uma cultura profundamente marcada pelo cristianismo, pelo senso inato de música e dança... de futebol.

É para servir a seu país e a sua Igreja que, pouco tempo depois de sua ordenação, Hélder Câmara se engaja, com a permissão de seu bispo, na Ação Integralista, lançada no início dos anos trinta pelo escritor brasileiro Plínio Salgado (com camisa verde, juramento ao líder naci-

---

[2] *Las conversiones de un Obispo*, 20.

onal, visão grandiosa do país...). Esse tipo de versão brasileira do fascismo de Mussolini está marcado pela vontade de combater o comunismo, e seu slogan — "Deus, Pátria e Família" — pode lembrar aos franceses a divisa do governo de Vichy durante a segunda guerra mundial — "Trabalho, Família, Pátria!". Em nome desse ideal da defesa de uma civilização cristã face ao "perigo comunista", o jovem padre, como a maioria do clero brasileiro deste tempo, pregou a obediência, a submissão à autoridade tanto civil como religiosa e militar, a paciência, a aceitação das injustiças e dos sofrimentos oferecidos em união com os de Cristo...

Pouco a pouco, porém, a Igreja do Brasil tomará distância do poder político e se engajará ao lado dos mais pobres: em maio de 1964 ainda, depois do golpe do Estado militar de 31 de março, a Conferência dos Bispos — da qual Dom Hélder é secretário geral — divide-se quanto à conduta a assumir diante dos novos senhores do país. Mas a corrente majoritária emite um comunicado felicitando os militares por terem livrado o país e barrado a marcha do comunismo. Ao mesmo tempo, o novo arcebispo de Olinda e Recife (nomeado para essa sede em 12 de março desse mesmo ano) faz um exame de consciência:

É preciso ter coragem de confessar os pecados de omissão que nós, homens da Igreja, cometemos. Nós estávamos de tal forma preocupados em manter a autoridade e a ordem social que não éramos capazes de ver as terríveis injustiças que eles cometiam.[3]

No entanto o apego de Dom Hélder a sua terra natal e a seu país não vai impedi-lo de se sentir cidadão do mundo e irmão universal:

É certo que sou brasileiro e latino-americano, mas sobretudo me sinto uma criatura humana: somos todos filhos do mesmo Pai, portanto, todos somos irmãos.[4]

É com essa convicção que Dom Hélder Câmara percorre os caminhos do mundo inteiro. Ele é irmão daqueles com os quais partilha as lutas: Ghandi, Martin Luther King... Ele é irmão dos poderosos que encontra — ministros ou chefes de Estado, chefes de empresas... — e quando o papa João Paulo II o reconhece como "irmão dos pobres e meu irmão", fica transtornado. Essa fraternidade com os mais pobres não o impede de ser também irmão dos ricos: ele sabe

---

[3] *Dom Hélder Câmara*, 52.
[4] *Las conversiones de un Obispo*, 169.

como *não é fácil num corpo de Mercedes conservar uma alma de Fusquinha...*

Porque são os laços de sangue que unem Dom Hélder à humanidade de todos os tempos e de todos os países. Como mostra o encontro com um conterrâneo seu de Fortaleza que não consegue arrumar emprego. Dom Hélder envia-o a um de seus amigos, chefe de uma empresa:

Veja, meu caro, o que lhe é possível fazer pelo Antonio. É meu irmão, meu irmão de sangue. Ele precisa de emprego e tem fome. Conto com você para arranjar-lhe uma colocação, pois ele é meu irmão de sangue. E ele prossegue: meu amigo me telefonou logo: Tenho o prazer em comunicar-lhe que o Antonio, seu irmão, já está empregado. Mas, Dom Hélder, permita-me perguntar-lhe como foi possível que um irmão seu tenha caído em tal miséria? Desconfio que o Senhor o apresentou como seu irmão apenas para me obrigar a ajudá-lo... — "Nada disso! Ele é meu irmão, sim!" — "Já sei. É seu irmão, como todos são seus irmãos..." — "Pois eu lhe garanto: é meu irmão e temos o mesmo Pai". — "Mas o Senhor me disse que ele era seu irmão de sangue..." — "Sim, meu irmão de sangue, pois assim chamamos àqueles que têm nas veias o mesmo sangue, do mesmo Pai. Pense bem: o Cristo derramou seu sangue por você, por mim, pelo Antonio? Pois, então, somos todos irmãos de sangue, o sangue de Jesus.[5]

---

[5] *O Evangelho com Dom Hélder*, p. 75-76.

Segundo dia

A INJUSTIÇA

*Mas como permites
milhões de filhos teus
em condição subumana,
em conseqüência
do egoísmo e da ambição
de minorias injustas e opressoras?...
E já reparaste, certamente,
que os teus cataclismos
— enchentes e secas, vulcões, terremotos —
atingem sobretudo os pequeninos,
que já vivem vida subumana...
Já não basta o esmagamento que vem
das maldades ou da fraqueza humana?...
Como explicar o que vem de ti?
Basta dizer que dás inteligência
ao Homem,
que ensinas a superar
os desastres da Natureza!?...*[1]

---

[1] *Em tuas mãos, Senhor!*, p. 38.

Nos anos trinta, Dom Hélder, como a maioria de seus companheiros, considera a ameaça comunista o pior perigo para o planeta terra e para o cristianismo. É por isso que se lança de corpo e alma na luta integralista. É o cardeal Gerlier, arcebispo de Lyon, que provoca nele uma mudança radical: "Meu irmão Hélder, por que não coloca a serviço dos pobres todos todo o talento de organizador que o Senhor lhe deu?" Estamos em 1955, na celebração do Congresso Eucarístico Internacional do Rio de Janeiro. *Eu caí do cavalo, como Saulo a caminho de Damasco,* confessa ele mais tarde. Sua resposta ao cardeal Gerlier sela o engajamento definitivo de toda sua vida:

> Colocarei tudo o que o Senhor me confiou a serviço dos pobres.[2]

Ao colocar seus dons de organizador a serviço dos pobres, Hélder funda a Cruzada de São Sebastião para retirar os moradores das favelas do Rio: uma missão sem fim, porque quando um barraco é desocupado logo é ocupado por uma nova família... E o jovem bispo auxiliar da capital (somente em 1960 é que Brasília, nova capi-

---

[2] *Las conversiones de un Obispo*, 141.

tal, foi inaugurada) é levado a se perguntar sobre as causas da miséria...

De onde provém a miséria? No texto que figura na abertura deste capítulo Dom Hélder parece jogar toda a culpa em Deus: *como permites...? teus cataclismos...* Quem, com efeito, pode ser considerado culpado pelas calamidades naturais que invadem o planeta — secas, inundações, terremotos, tornados... — senão o Senhor da natureza, o Criador? Catástrofes que caem prioritariamente sobre os países e povos mais pobres: quer se trate da seca, que devassa a África subsaariana ou o Nordeste brasileiro, inundações que aniquilam cidades e povoados de Honduras ou da China, ou de terremotos que destroem regiões inteiras do Iraque ou do Afeganistão... Catástrofes nas quais alguns não hesitam em ver um castigo divino ou a prova de que Deus não existe. Porque se existisse...

E ainda, não contente com todas essas desgraças naturais, esse Deus vingador "permite" ainda que milhões de pessoas — que dizem ser seus filhos — experimentem condições de vida indignas de burros de carga!

Como essa prece é humana, até mesmo familiar: quantas vezes nós mesmos, ou nosso círculo de amizade, culpamos Deus por aquilo que acontece de dor e de revolta em nosso mundo? Nós temos necessidade desse momento de amargura, desse grito contra a injustiça que nos possibilita uma reflexão mais sadia. É o que indica o final desta oração:

Basta dizer que dás inteligência ao Homem, que ensinas a superar os desastres da Natureza!?...[3]

O homem, com certeza, provoca o desencadeamento de catástrofes naturais: o desmatamento maciço acelera o avanço do deserto ou o desmoronamento das colinas quando vem a chuva... Mas Dom Hélder convida-o a fazer uso de sua inteligência e capacidade criativa para participar do acabamento da criação.

Por isso, mais do que as calamidades naturais são as catástrofes provocadas pelo homem que mais penalizam os pobres do planeta: exploração, desprezo, guerras, miséria degradante... Tudo isso, portanto, por causa de *algumas minorias injustas e dominadoras!* E Dom Hélder não hesita em denunciar os grandes proprietários de terra de seu país que exploram os pequenos trabalhadores rurais, roubando-lhes as terras e muitas vezes matando-os por meio de pistoleiros pagos. E também os comerciantes de armas que se enriquecem com a morte dos po-

---

[3] *Em tuas mãos, Senhor!*, p. 38.

vos, as multinacionais que se servem das pessoas em proveito próprio, os políticos que colocam o indivíduo a serviço da economia e não o inverso, as ditaduras de todos os tipos... Ele denunciará durante toda a sua vida essas *injustiças estruturais* — que o papa João Paulo II, na encíclica *Solicitudo rei socialis*, chama de "estruturas de pecado" — e a violência que daí deriva:

A violência número 1 é a injustiça. Depois vem a revolta contra a injustiça, é a violência número 2. E então, a repressão da revolta: é a violência número 3. Mas a violência número 1 é a injustiça.

Uma injustiça da qual o Brasil não tem o monopólio: toda a América, do Sul e do Norte, todo o planeta terra estão tocados por ela:

Dois mil anos depois do nascimento de Cristo, mais de 2/3 da humanidade se acham em condição infra-humana de miséria e de fome. Mais de 2/3 dos filhos de Deus vivem na condição de animais. 20% da humanidade absorvem 80% dos recursos da Terra. 80% da humanidade devem contentar-se com apenas 20% desses mesmos recursos".[4]

---

[4] *Quem não precisa de conversão*, p. 38.

Então, por que o mal, as injustiças estruturais, as "estruturas de pecado"? É que Deus não age como os homens, que só admitem a liberdade desde que sua vontade seja plenamente respeitada...".[5]

Se, pois, Deus cria o homem livre e responsável, o homem tem de agir para vencer a miséria e a injustiça, que constituem *um insulto ao Criador*. E Dom Hélder Câmara age. Ele trabalha com peritos do mundo todo — com o dominicano francês Louis Lebret, especialista em desenvolvimento e fundador da Economia e Humanismo, com o economista brasileiro Josué de Castro, autor de *Geopolítica da fome...* — e percorre o mundo tentando convencer seus interlocutores da urgência do desenvolvimento... Porque há alguma coisa a fazer:

> *para impedir a catástrofe é indispensável reorganizar os contatos entre as sociedades e os países, reformar as estruturas internacionais do comércio. Uma nova ordem econômica de âmbito mundial tem de ser estabelecida e há duas décadas que se vem fazendo esforços neste sentido, pois talvez esteja aqui a chave da estraté-*

---

[5] *Indagações sobre uma vida melhor*, p. 17.

gia desenvolvimentista. Se ainda não chegaram a resultados concretos, é porque a matéria, além de ser difícil em si mesma, depende muito da promoção de acordo entre interesses políticos freqüentemente antagônicos".[6]

No fundo: não esperar o milagre, mas trabalhar para fazer retroceder o subdesenvolvimento, para promover as reformas necessárias; não ter medo de se comprometer face aos poderosos do mundo... Crer no milagre e dele participar!

---

[6] *Ibidem*, p. 57.

Terceiro dia

O POBRE E A SANTA IGREJA

Nós todos sabemos e a própria Igreja proclama em uma das Preces Eucarísticas, que Ela é santa e pecadora. É santa em seu Divino Fundador Jesus Cristo e no Espírito Divino, que a acompanha sem cessar. Mas é entregue a nossa fraqueza humana, e precisa sempre de reforma e conversão.[1]

Uma Igreja marcada pelo seu passado colonial e com seu comprometimento com os poderes militar, político e econômico. Uma Igreja que tinha convertido à força e batizado a toque de caixa os escravos arrancados da África para que, pelo menos, quando morressem no trabalho ou sob os golpes, estivessem "salvos". Uma Igreja segura de suas certezas e que se achava em situação de quase monopólio religioso: assim era a Igreja Ca-

---

[1] Conferência na Universidade Católica do Sacré-Coeur, Milão, 2 de abril de 1981, em *Utopias Peregrinas*, p. 84.

tólica em que Dom Hélder fora educado e que escolhera para nela consagrar sua vida.

Quando saí do seminário eu não tinha, em matéria de social, senão uma idéia, e simples. Tinha a impressão de que o mundo se dividia sempre em dois campos opostos: capitalismo e comunismo... O comunismo era o mal, o mal dos males. [...] O capitalismo era o defensor da Ordem cristã...[2]

É para defender essa "Ordem cristã" que, padre bem jovem, ele se engaja no integralismo; ou que, a pedido de seu bispo, Dom Manuel da Silva Gomes, faz campanha em favor de candidatos que nas eleições legislativas de 1934 aderiram ao programa da Liga Eleitoral Católica; ou ainda que foi nomeado diretor do departamento federal da Educação.

Aos poucos, no entanto, como outros padres e certo número de bispos, Hélder Câmara começa a se interrogar sobre a ação empreendida, sobre o engajamento da Igreja ao lado do poder político... E descobre que

aqui, como praticamente em toda a América Latina, pregamos ao nosso Povo um Cristianis-

---

[2] *Las conversiones de un Obispo*, p. 48, 49.

mo excessivamente passivo: paciência, obediência, aceitação dos sofrimentos... Grandes virtudes, sem dúvida: ontem, hoje e sempre. Mas, no contexto em que foram apresentadas, ajudaram a oprimir nossa gente".[3]

Tomada de consciência dolorosa que põe em questão não só o ensino recebido e a ação até agora empreendida, mas também a própria Igreja. E por isso, afirma:

> Que estou, que espero, desejo, amo estar sempre com a Igreja. Sem a Igreja, não haveria Dom Hélder. Eu não seria bispo, nem padre, talvez nem mesmo um cristão".[4]

Vai engajar-se nessa Igreja que ama e a quer santa à imagem de seu fundador, para transformá-la, desde o interior.

Uma primeira idéia surge em seu espírito desde 1950, idéia esta que comunica a Dom Chiarlo, núncio no Brasil: nada poderá ser mudado neste país se não houver uma conferência nacional de bispos, com um secretário a serviço de todos os

---

[3] Mensagem pastoral a seus diocesanos por ocasião do Tricentenário da criação da diocese de Olinda, 16 de novembro de 1976, em *Dom Hélder: pastor e profeta*, p. 133.

[4] *Indagações sobre uma vida melhor*, p. 32.

bispos, muitas vezes isolados, cada qual em sua diocese. O projeto agrada ao núncio que lhe facilita um encontro com Mons. Montini, futuro Paulo VI, que então está na Secretaria do Estado do Vaticano. Ele se empenha em fazer andar as coisas: em 1952 é criada a *Conferência Nacional dos Bispos do Brasil*, a CNBB. Dom Hélder, novo bispo auxiliar do Rio, é nomeado seu primeiro secretário geral. Aí permanece até 1964, quando lhe é confiada a diocese de Olinda e Recife.

Em 2002, na celebração do quinquagésimo aniversário da CNBB, os bispos do Brasil renderam a seu antigo colega uma calorosa homenagem e fizeram um balanço dos cinqüenta anos de existência:

> "Desde sua fundação, a CNBB se manifesta como um organismo aberto à colegialidade. Sua história está marcada por um impulso constante de sempre mais comunhão, participação, co-responsabilidade".[5]

Logo Hélder Câmara imagina estender a experiência brasileira a toda a América Latina:

---

[5] Cf. CNBB, Encarte "Conjuntura Social e Documentação Eclesial", n. 611, 30 de janeiro de 2002.

30

... dentro da América Latina é no Brasil, sem dúvida, que se torna mais difícil fazer acontecer a experiência de uma Conferência episcopal nacional, uma vez que é o maior país, onde há maior número de dioceses e bispos e onde há mais diferença de situações entre uma região e outra. Mas se a experiência tem êxito, talvez se pudesse então pensar numa Conferência continental, com um secretariado a serviço dos bispos de toda a América Latina...[6]

As bases do Conselho Episcopal Latino-Americano, o CELAM, estão colocadas. Ele nasce em 1955. Seus frutos se chamam Medellín, Puebla, "opção preferencial pelos pobres"...

Outro acontecimento essencial na vida da Igreja não demora a acontecer: o Concílio Vaticano II (1962-1965). Seu anúncio pelo papa João XXIII, no dia 25 de janeiro de 1959, provoca em Dom Hélder um profundo entusiasmo: do Concílio sairá uma Igreja renovada, mais evangélica e ecumênica, mais próxima dos pobres, capaz de fazer avançar o diálogo Norte/Sul, de contribuir para o progresso da paz no mundo...

Se ele não toma uma só vez a palavra na assembléia conciliar, movimenta-se, no en-

---

[6] *Las conversiones de un Obispo*, p. 125.

tanto, pelos "bastidores" do Concílio: nos grupos de trabalho, principalmente no grupo "Igreja dos pobres", que contribuiu para criar, e no grupo dito "ecumênico", que tem como participantes os melhores teólogos e peritos presentes no Concílio e cuja colaboração com os bispos brasileiros é das mais frutuosas. Se bem que em pouco tempo o obscuro bispo auxiliar do Rio transforma-se num dos mais influentes personagens do Concílio e um dos mais conhecidos no cenário religioso internacional. De modo especial a amizade nascida entre ele e o futuro Paulo VI não deixa de pesar nas orientações em prol de uma Igreja dos pobres: consciente de que o cuidado dos mais desprovidos não era de fato a preocupação primeira da maioria dos padres conciliares e vendo que mesmo a *Gaudium et Spes,* constituição pastoral sobre a Igreja no mundo de hoje, não responde às necessidades e expectativas do Terceiro Mundo, Hélder Câmara obtém do sucessor de João XXIII a promessa de uma encíclica que tratará do desenvolvimento dos povos. É a *Populorum Progressio,* de 1967.

Assim vive a Igreja, com seus avanços e suas crises. E sabe Deus se, após o Concílio, elas não se multiplicarão! Mas Dom Hélder reage:

Teria sido preocupante se não se dessem contrastes, choques, conflitos: isso significaria que o Concílio não teria dito nada, nada havia feito... O verdadeiro problema, repito, é nossa falta de valor quando se trata de colocar em prática as conclusões do Concílio ou para nós, os de América Latina, as conclusões de Medellín, ou seja, de pôr em prática o Evangelho tal como nós, os bispos com o Papa e sob a direção do Espírito Santo, o temos traduzido para os homens e o mundo de hoje.[7]

"Ecclesia semper reformanda", Igreja tem sempre necessidade de se reformar, de se converter, afirmam nossos irmãos protestantes: Hélder Câmara não diz outra coisa!

---

[7] *Ibidem*, p. 154, 165.

Quarto dia

COM OS POBRES

Parece-me exigência do Evangelho, parece-me fidelidade ao Cristo — quaisquer que sejam as interpretações em contrário — que a Igreja, enquanto puder falar, enquanto não for sufocada, clame pelas mudanças de estruturas desumanas, que estão impedindo o desenvolvimento integral dos nossos povos e mantendo-os em situação indigna da condição dos filhos de Deus.[1]

Alguns nomes ficarão para a história: os do dominicano Bartolomeu de Las Casas, defensor dos Índios do México, de Vicente de Paula, apóstolo dos sofridos, de Madre Teresa de Calcutá, e de tantos outros. Apesar das resistências de seu ambiente, muitas vezes até mesmo *as interpretações contrárias*

---

[1] Discurso pronunciado na Convenção organizada pelo Grupo Haslemere, Round House, Londres, 13 de abril de 1989, em *Utopias Peregrinas*, p. 55.

ao Evangelho encaminhadas pela própria Igreja (como foi o caso de Las Casas que remou contra a corrente de uma Igreja comprometida com o colonizador espanhol), eles tomaram o partido dos pobres, batalharam para arrancá-los de sua miséria, e se fizeram, eles mesmos, pobres e com os pobres. Em nome do Evangelho. No nome daquele que se identificou totalmente com os pobres: "eu tive fome, estava nu, prisioneiro..."

A partir da promessa feita, em 1955, ao cardeal Gerlier de consagrar sua vida aos pobres, Hélder Câmara toma um caminho que, do engajamento PELOS pobres o conduzirá a agir COM os pobres. Já no Concílio o jovem bispo auxiliar do Rio se recusa a aparecer como um "príncipe da Igreja":

> Lembro-me um dia, durante o Concílio, quando comecei a usar o crucifixo de madeira que sempre trago comigo... Os fotógrafos da imprensa queriam colocar-me ao lado de meus irmãos bispos, que ostentavam belos crucifixos de ouro. Eu lhes disse, então: "Meus amigos! Se esta cruz de madeira não chega a demonstrar o que se passa no meu coração, se ela não está sobre meu peito para me distinguir dos bispos burgueses, se não

torna claro que julgo mais humilde, mais próximo dos deserdados da vida, então estou perdido! Porque sem humildade e sem amor não se dá um passo no caminho do Senhor..."[2]

Nas bem-aventuranças Jesus fala da pobreza: "Felizes, vós pobres, porque vosso é o reino dos céus!" Com certeza, reconhece Dom Hélder, mas a pobreza não é miséria: *a miséria é um insulto ao Criador!* A miséria, ele a descobre primeiramente nas favelas, depois junto aos camponeses sem terra, aos trabalhadores agrícolas, aos operários, aos desempregados...: ele que conheceu a pobreza em sua família, nunca experimentou a miséria, nem tomou consciência da desumanização que ela traz e que uma falsa interpretação do Evangelho contribuiu para sustentar:

O camponês, o filho e o neto do camponês de nossas regiões são como mortos-vivos... Eles aprenderam de seus familiares analfabetos e nas capelas de seus mestres e senhores que é preciso ser pacientes como o Filho de Deus, tão injustamente tratado e

---

[2] *O Evangelho com Dom Hélder*, p. 86.

morto sobre a cruz para nos salvar. Eles deduziam daí que assim devia ser sua vida. Colocados na escola de um cristianismo fatalista, eles imaginam que uns nascem ricos e outros pobres, pois esta é a vontade de Deus...

Desde então, ele se move para que esses mais pobres entre os pobres tomem consciência de sua dignidade humana, de seus direitos, porque é impossível alguma elevação humana quando ainda não se tem a consciência de viver num nível infra-humano e quando não se sabe que se tem direitos a uma vida melhor, verdadeiramente digna do homem.

No decorrer de suas viagens pelo mundo, Hélder Câmara descobre que a miséria não é patrimônio do Brasil, nem mesmo da América Latina. Ele vê a pobreza na África e na Ásia. Ele constata que mesmo os países ricos e industrializados contam com numerosos pobres, que certo tipo de sociedade de abundância gera a exclusão dos mais fracos. São os pobres do mundo todo que devem tomar consciência de sua dignidade, rejeitar a situação que lhes provocam, fazer-se escutar: os sem voz devem poder tomar a palavra e adquirir seus direitos.

Isso implica mudanças radicais nas políticas econômicas e sociais dos Estados: os mais ricos, cuja riqueza nutre-se freqüentemente da pobreza do Terceiro Mundo; os mais pobres que desenvolveram em seu seio uma classe de funcionários, de homens políticos e chefes de empresas corrompidos que desviam em proveito próprio as ajudas destinadas a todo o povo.

E não é um bispo sozinho, seja ele Dom Hélder, que poderá fazer mudar as coisas: é a Igreja toda que, em nome do Evangelho e sejam quais forem as conseqüências, deve chamar *a mudança das estruturas desumanas que impedem o desenvolvimento integral de nossos povos.*

Nesse sentido o Concílio Vaticano II colocou a Igreja na luta pelo desenvolvimento. João XXIII com a *Pacem in Terris* (1963) e Paulo VI com a *Populorum Progressio* (1967) abriram o caminho. Com as Conferências do CELAM, particularmente as de Medellín (1968) e Puebla (1979), as Igrejas latino-americanas fizeram resolutamente a opção de trabalhar a serviço dos pobres. Bispos, leigos foram mortos. Outros são hoje ameaçados e suas cabeças colocadas a prêmio... Esse é também o engajamento de Dom Hélder. Em sua diocese de Recife ele está próximo tanto dos moradores das favelas como do sertão. Ele próprio decide abandonar seu palácio episcopal para se instalar num pequeno alojamento na grande sacristia de uma igreja antiga; não tem motorista, nem mesmo carro; a toda hora do dia ou da noite ele mesmo abre sua porta a quem bate, acolhe, escuta... Funda em sua diocese a "Operação Esperança" para possibilitar que os camponeses e cidadãos sejam donos de seu destino: em terras pertencentes à diocese ou adquiridas com os prêmios ou doações recebidas, ele estabelece comunidades rurais ou urbanas, confiando-lhes projetos e meios de realizá-los — construção de alojamentos, educação, formação profissional, exploração e administração do solo... Contribui com a CNBB para o lançamento de um organismo de formação global, o MEB (Movimento de Educação de Base): aí os adultos não são apenas alfabetizados mas também recebem noções de agricultura, de higiene, de economia doméstica... Aos poucos tomam consciência de sua dignidade e de seus direitos. Alguns, como conseqüência, irão se engajar no sindicalismo, em organizações camponesas ou profissionais, em cooperativas...

O pequeno bispo de Recife (tinha um metro e sessenta de altura) move-se também no cenário internacional: é convidado para conferências, encontra-se com chefes de Estados, com empresários, com universitários e homens políticos... Por toda parte denuncia *o colonialismo interno e as injustiças da política internacional do comércio*, e convida a passar de uma *mentalidade assistencialista* (freqüente entre os cristãos que pretendem resolver os problemas sociais pela caridade ou assistência aos pobres) à denúncia das injustiças e das estruturas que as produzem e ao serviço do desenvolvimento que é, como diz Paulo VI (*Populorum Progressio*) "o novo nome da paz".

Assim responde-se à exigência evangélica.

Quinto dia

QUEM NÃO PRECISA
SE CONVERTER?

Ajudemo-nos, mutuamente, a enfrentar e a ajudar a enfrentar, com a graça divina, a conversão em face dos pecados pessoais de cada um, e a conversão em face dos pecados coletivos das estruturas injustas que, não raro, bradam aos céus... As duas conversões, longe de se excluírem, se integram, se completam.[1]

Do integralismo dos anos trinta às favelas de Recife, do seminário ao Concílio Vaticano II, do Congresso do Rio às viagens na Europa, África, aos Estados Unidos ou ao Japão, a vida de Dom Hélder é um caminho de conversão, sob a guia do Espírito Santo.

O engajamento do jovem padre Câmara no integralismo, pouco depois de sua ordenação

---

[1] Mensagem pastoral de Dom Hélder Câmara a seus diocesanos no terceiro centenário da diocese de Olinda e Recife, 6 de novembro de 1976, em: *Dom Hélder: pastor e profeta*, p. 135.

sacerdotal, correspondia a um desejo de defender a Igreja das agressões que ele havia aprendido a ver em seu arredor: heresias, comunismo, reivindicações daqueles que, recusando uma ordem que julgava querida por Deus, pretendiam provocar a revolução para suprimir a miséria...

Nessa defesa da ordem estabelecida, onde a ordem divina parece-lhe confundir com a ordem política, Hélder Câmara passa à necessidade de humanizar a sociedade: é a descoberta das favelas, a promessa feita ao cardeal Gerlier, a Cruzada de São Sebastião. Ele compreende, então, que a conversão é um caminho jamais terminado:

> Quem, portanto, não tem necessidade de conversão a cada instante?... Nunca estamos definitivamente convertidos...

A terceira etapa dessa conversão pessoal é a interpelação: é a tomada de consciência de que é preciso ir até às raízes do mal. Ir até àquilo que João Paulo II denomina as "estruturas de pecado", tão bem alojadas no profundo de cada ser humano, como também nas instituições políticas, econômicas, sociais... ou até mesmo religiosas. É a convicção de que não se converte sozinho: Hélder Câmara, que conhece bem o filósofo Emmanuel Mounier, compreendeu que o homem se constrói na relação. A conversão é, pois, ao mesmo tempo individual e coletiva. E Dom Hélder, por sua parte, sabe que são os pobres que o converteram.

Converter-se e, com o mesmo ímpeto, ajudar os outros a se converterem é um ideal de caridade. Mesmo os ricos (com tudo o que o termo encerra de diversidade: grandes proprietários de terras, multinacionais, homens políticos, pequenos burgueses agarrados a seus privilégios...) são chamados à conversão:

> Devemos ter a caridade de ajudar os ricos a se libertar do egoísmo, do excesso de conforto e da aceitação daquilo que é efêmero, enfim do perigo de escandalizar nossos irmãos não-cristãos, dando uma idéia errônea do Cristo e de sua doutrina.

O apelo à conversão é para todos. Até para o papa... Interrogado certa vez por jovens estudantes muito críticos em relação à hierarquia eclesiástica, Dom Hélder não hesita:

> Eu lhes recordo que a Igreja de Cristo, divina em seu Fundador, está entregue a nossa fraqueza humana. Por isso, lhes falarei das fraque-

zas humanas do Soberano Pontífice primeiro, e depois da cúria romana. Da cúria romana passarei aos núncios, aos sacerdotes, aos religiosos, às religiosas. E finalmente chegarei às fraquezas humanas dos leigos.

Porque o papa, assim como o simples leigo, não escapa da condição humana: todos têm uma imensa necessidade de conversão e todos têm uma responsabilidade uns para com os outros. E Dom Hélder prossegue:

> Vocês têm uma responsabilidade muito séria... muito freqüentemente são vocês os responsáveis por uma postura que os bispos e os sacerdotes assumem, postura que depois vocês reprovam. Porque vocês não sabem falar-lhes, informá-los, apresentar-lhes o que o Espírito lhes sugere.[2]

Dizendo de outra forma: responsabilidade individual e coletiva pela conversão individual e coletiva!

Se as pessoas têm necessidade de conversão, as instituições também não escapam disto. Em primeiro lugar a Igreja, muitas vezes tão forte em

---

[2] *Las conversiones de un Obispo*, p. 144.

suas certezas, tão comprometida com os poderes em exercício, é chamada a se fazer servidora e pobre, à imagem de seu fundador. Essa Igreja, sua Igreja, Dom Hélder não cessa de interpelar. Porque ele a quer fiel ao Evangelho que ela proclama. É assim que, durante o período da ditadura, uma maioria de bispos defende aqueles cujos direitos não são levados a sério, fazendo da Igreja um lugar de expressão, de apoio aos militantes, de liberdade. Como no Chile. Como em outros países da América Latina ou em outros lugares. E hoje ainda, a Igreja do Brasil continua se convertendo ao espírito de justiça e de pobreza: pelo empenho de sua Comissão Pastoral da terra (CPT) que, ao lado de grupos da sociedade civil, defende os direitos dos pequenos camponeses; pelas iniciativas de sua Comissão de Justiça e Paz — logo acrescida de associações leigas — para combater a corrupção eleitoral...

Formidável experiência de conversão para a Igreja universal foi o Concílio Vaticano II. Aí a Igreja redescobre a colegialidade episcopal, intui que é preciso entrar em diálogo com as outras religiões, reconhece o papel insubstituível dos leigos:

A Igreja, diz Dom Hélder, aprendeu do Concílio a ter confiança no homem.

Mas não é apenas a Igreja: é toda a sociedade e a sociedade toda que é chamada a se transformar, a se converter. Nisso o combate de Dom Hélder se une ao dos partidos políticos e dos sindicatos, sem, contudo, se confundirem. Nunca ele se faz político, sempre como homem da Igreja, agindo em nome do Evangelho. Ele chama os leigos à responsabilidade de cidadãos: convoca-os a aceitar as tarefas que se apresentam, a assumir as responsabilidades políticas de tomar as decisões que contribuirão para tornar a sociedade mais humana. Ele não tem medo de interpelar os poderes políticos quer civis ou militares sobre a Reforma agrária no Brasil, pela qual *muitos já foram mortos por ousar reclamá-la abertamente e de modo não violento*; sobre a influência exercida pelos Estados Unidos no continente sul-americano, onde temem a *cubanização* (sem dúvida hoje falar-se-ia dessa influência no Oriente Próximo ou em certos países asiáticos); ou ainda sobre a ideologia da Segurança Nacional adotada pelas ditaduras sul americanas para manter o poder, a preço de raptos, detenções, torturas, desaparecimentos, execuções extrajudiciais, exílio...

Tudo em nome do Evangelho. Sempre. Ele, porém, conhece os riscos. E não lhe faltaram as dificuldades! De conversão em conversão até o fim de sua vida, ele que se quis próximo dos pobres, faz o aprendizado do despojamento: sua imagem proibida na mídia pela ditadura, suas realizações destruídas pelo seu sucessor...

E além disso, apesar de seus sofrimentos que ele partilha somente com pessoas mais íntimas, Dom Hélder continua a *esperar contra toda esperança.*

Sexto dia

PADRES NO ESPAÇO
E NO TEMPO

Vós, que vos sentis chamados ao Sacerdócio Ministerial, tende bem presente: seria uma alienação gravíssima caminhardes em vossa vocação como se ela devesse realizar-se no vácuo, sem ligação com o espaço e o tempo. Sois chamados a preparar-vos para Pastores no fim do século vinte e na ante-vigília do século vinte e um. Sois chamados a preparar-vos para Pastores no Nordeste do Brasil, no fim do segundo milênio e no início do terceiro do nascimento de Cristo. Abraçai, de todo o coração, o espaço e o tempo que a Providência mesma escolheu para vós.[1]

Na época em que o jovem Hélder Câmara entrou no seminário, os futuros padres viviam numa redoma de vidro. Separados do povo e alheios a seus problemas, eles utilizavam também uma

---

[1] Discurso de abertura do ano escolar no ITER, 9 de fevereiro de 1981, em *Dom Hélder: pastor e profeta*, p. 163.

outra linguagem, alimentada do grego e do latim, da filosofia e teologia clássicas; aprendiam a refutar as heresias e a trazer respostas decisivas às questões "humanas" ou "sociais" que se lhes podiam colocar. Faziam deles estranhos, antes de enviá-los a um mundo que tinham como missão evangelizar e sobre o qual mantinham um olhar muito maniqueísta: o Bem e o Mal, o capitalismo e o comunismo... Até que ponto os anos de seminário e a formação recebida influenciaram Dom Hélder? Se é difícil avaliar exatamente, pode-se contudo constatar que parece não ter passado por crises dramáticas para se livrar disso. Certamente também seu orgulho natural de cearense (cf. *Primeiro dia*) permitiu-lhe, ao reconhecer-se "de uma terra", situar-se não numa espécie de absoluto irreal e desencarnado, mas na verdade de um espaço e de uma época.

É assim que ele se apresenta a seus diocesanos no dia de sua entronização em Recife: [Sou] um nordestino falando a nordestinos, com os olhos postos no Brasil, na América Latina e no Mundo. Uma criatura humana que se considera irmão de fraqueza e de pecado dos homens de todas as raças e de todos os cantos do mundo.[2]

---

[2] *Utopias Peregrinas*, 54-55.

Por ser humano, irmão de todos os homens, Dom Hélder tem, ao mesmo tempo, uma concepção muito elevada e humilde de sua missão de padre e bispo:

A criatura humana pode tornar dignas as mais humildes tarefas que tenha de realizar. Nenhum trabalho é indigno das mãos do homem, mas há alguns que se revestem de importância especial, na medida em que se ponham a serviço de terceiros. Se Deus me desse a graça de nascer cem vezes, e de cem vezes reviver a vida que Ele me confiou, cem vezes eu lhe agradeceria por me ter permitido ser padre. Um padre não existe no vazio: ele existe para servir aos homens e para proclamar a glória de Deus. Conferindo plenitude ao sacerdócio, o episcopado estimula a servir com ainda maior vigor à causa a que nos dedicamos. Esquece-se com freqüência o significado real das palavras ministro e ministério. Um padre, e principalmente um bispo, são ministros, e isso quer dizer servidores...[3]

Servidor ele é, em primeiro lugar, em sua diocese: ele acolhe, escuta, esforça-se em ajudar quem quer que se apresente; percorre as fa-

---

[3] *Indagações sobre uma vida melhor*, 6-7.

velas, participa dos encontros de Comunidades Eclesiais de Base (CEBs); fala diariamente na rádio diocesana e as comunidades, reunidas, ouvem-no e dialogam depois a partir do Evangelho; próximo dos mais desprovidos, ele organiza "a Operação Esperança" (cf. *Quarto dia*)...

Bispo de uma diocese, "servidor" de uma Igreja local que lhe é confiada, Dom Hélder tem bem viva a consciência de ser também bispo da Igreja Universal. A idéia de "colegialidade" não é uma palavra vã. Colegialidade com seu bispo auxiliar, seu querido Dom José Lamartine, com quem estabelece uma harmoniosa equipe, os talentos de administrador de um completa os dons de animação do outro. Colegialidade com os bispos do Brasil e da América Latina; antes mesmo do Concílio relançar sua prática, e antes mesmo de ser bispo, Hélder Câmara sente a necessidade de tirar os bispos de seu isolamento para lhes possibilitar trabalho em conjunto, em nível de Brasil, primeiramente, depois de região. Assim nasceram a CNBB e o CELAM (cf. *Terceiro dia*).

Irmão dos bispos do mundo inteiro, Hélder Câmara entende bem a colegialidade como reunião de todos esses bispos em torno do papa: todos responsáveis com ele, em diferentes graus de governo da Igreja e com missões específicas. Mas, antes de tudo, tem necessidade de estabelecer com o Soberano Pontífice uma relação de total confiança. Com João XXIII, sem problemas. Com Paulo VI, com quem se sente ligado por longa amizade, há períodos de sofrimentos, partilhados raramente com alguns amigos íntimos. Parece-lhe, às vezes, que o papa não ousa se opor a certas intervenções da cúria romana que contraria sua liberdade de palavra e de ação. Se tem dúvidas em relação ao papa João Paulo II, elas desaparecem largamente pela saudação pública que ele mesmo lhe dirige um dia: "Dom Hélder, irmão dos pobres e meu irmão!"

Na diocese de Recife, a colegialidade integra os padres diocesanos, os religiosos. Diz ele em sua mensagem de entronização:

Ele associa a esta grande comunidade os religiosos, em particular os que são inseridos em meio popular. Como uma onda que se propaga na água e, em círculos sucessivos, ganha aos poucos toda a superfície, é todo o povo cristão da diocese de Recife — movimentos, CEBs, catequistas, grupos diversos — que se encontra associado a este caminho responsável e fraternal.

A realização desse projeto supõe também que a diocese tenha estruturas necessárias de formação. Certamente há a catequese, o trabalho das comunidades eclesiais de base, da Ação Católica... Mas é preciso ainda oferecer aos leigos e aos padres a possibilidade de uma sólida formação teológica e intelectual...

Ele quer os padres de sua diocese profundamente enraizados na realidade nordestina, à imagem do Cristo *que teve a humildade de adotar uma raça, um país, uma língua, uma cultura*... Por isso, depois de uma sondagem realizada pelo reitor do seminário junto aos seminaristas, e depois de um encontro com os bispos da região com um representante da Santa Sé, decidiu experimentar um novo tipo de formação: quinze grupos de seminaristas espalhados em Olinda são acompanhados por uma equipe de direção que vive em comunidade. Período de vida intensa que desenvolveu — reconhecendo aqueles que hoje são padres ou bispos e se beneficiaram dela — um espírito missionário, uma espiritualidade engajada, uma relação profunda com o povo.

Para a formação teológica e intelectual os seminaristas se reúnem no Instituto de Teologia de Recife (ITER), fundado em 1968. O ITER, também aberto às congregações religiosas da região e aos leigos, logo se torna também um lugar de intercâmbio entre os que buscam caminhos novos para o aprofundamento da fé e uma reflexão a partir da realidade do Nordeste. Um cadinho onde se elabora uma nova maneira de viver a Igreja, de evangelizar...

Engajar-se, porém, nos caminhos novos é deixar suas certezas e seus pontos de vista, questionar-se, correr riscos: risco de se enganar, de novas descobertas, risco de ter de ir até ao fim das exigências do Evangelho...

Este risco foi aceito colegialmente pelos bispos da região, pelos padres da diocese de Recife, pelos religiosos, religiosas e leigos... Em conjunto.

Sétimo dia

OS LEIGOS SÃO A IGREJA

O papel, ou melhor, os papéis que os leigos podem desempenhar estão em fase inicial de desenvolvimento. Durante muito tempo os leigos se deixaram dominar pela passividade. Com a Ação Católica conseguiram obter o direito de participar *do apostolado hierárquico. Somente* participar... *A partir do Concílio, sabe-se que eles já não configuram apenas como "aqueles que não são padres", mas os que dão cada vez mais vida e sentido às comunidades eclesiais e espalham pelo mundo o fermento dos Evangelhos. Estamos à véspera de grandes realizações.*[1]

"O povo": palavra magnífica enquanto significa a força, a solidariedade, a criatividade dos humanos organizados; palavra carregada de desprezo quando designa uma multidão amorfa, tratado como carneiros, sem levar em conta sua opinião. Infelizmente foi o segundo sentido que

---

[1] *Indagações sobre uma vida melhor*, 42.

prevaleceu por longo tempo na Igreja: definia-se o povo pelo negativo: "quem não era padre", e portanto, "os que não têm o saber, nem a palavra" — monopólio do clero, encarregado precisamente de conduzir esse povo "nos caminhos da Salvação".

Essa concepção de povo prevaleceu por longo tempo na América Latina. Ela se apoiava naquilo que se chama "religiosidade popular": devoção aos santos e à Virgem, manifestada por gestos: procissões, velas, imagens e estátuas, medalhas...; também para as populações indígenas e negras o apego à sobrevivência das religiões tradicionais indígenas ou importadas pelos escravos arrancados de sua terra natal. Essa religião espontânea, instintiva, foi muitas vezes assimilada como superstição por aqueles que tinham estudado a teologia, a patrística, o direito canônico e outras disciplinas altamente valorizadas...

Hélder Câmara está cheio de ternura pelo povo, especialmente pelos que sustentam o candomblé, religião afro-brasileira herdada dos antigos escravos, batizados à força,

> Sem preparação alguma, evidentemente: naquele tempo parece-me que o Espírito Santo — para defender essas pobres criaturas, esses filhos

de Deus, oprimidos, esmagados por nossas boas intenções — inspirou-lhes que conservassem, por detrás do nome de cada um de nossos santos, a lembrança de um ou de outro de seus espíritos, de seus deuses... Por exemplo, eles confundem com muita freqüência a Virgem Maria com Iemanjá. Iemanjá é a deusa do mar. Ela é muito honrada e festejada no Brasil. [...] Eles amam profundamente a Mãe de Deus, a Mãe de Cristo, mas eles misturam um pouco com a deusa do mar.[2]

E ele acrescenta, depois de ter notado que aqueles que o chamam, muitas vezes assassinam seu nome — *Dom Hebe!... Dom Helda!...* — e no entanto sabe que se dirigem a ele:

Para ela [a Virgem Maria] *não é um problema se ela percebe certa mistura entre seu nome e o de Iemanjá.*[3]

Foi o Concílio que devolveu ao povo sua dignidade, confiando-lhe o nome de "leigos" (a palavra "povo" vem do latim *populus* e tem o mesmo significado do grego *laós* que nos deu "leigo").

---

[2] *Las conversiones de un Obispo*, 120.
[3] *Ibidem*, 120.

O Concílio reconheceu o papel insubstituível e específico dos leigos. O leigo não se define mais pelo negativo: ele não é mais aquele que não é clérigo. Ele tem um papel e definição próprios,[4] reconhece Dom Hélder.

O leigo, em particular, tem de desenvolver um papel que os clérigos não podem, não têm como sustentar: engajar-se no combate político, nas lutas sindicais, nos grupos de ação que tentam mudar a sociedade. Deve engajar-se na Igreja porque ele é um membro responsável.

A Ação Católica ajudou muito os leigos a crescer nesse sentido. Dom Hélder sabe muito bem disso, ele que foi seu secretário geral para o Brasil e contribuiu para lançar a JOC (Juventude Operária Católica) no Rio. Ele está particularmente próximo dos movimentos leigos engajados nos setores mais conflitivos, sobretudo no mundo operário e universitário. Nos piores momentos da ditadura militar não deixa de levar seu apoio aos militantes e às famílias dos trabalhadores ou dos estudantes presos. Ele lamenta, porém, que a Ação Católica no Brasil foi, com freqüência, um instrumento nas mãos da hierar-

---

[4] *Ibidem*, 112.

quia que se serve da ação dos leigos para influenciar o Estado e assim reforçar a do episcopado, mais discreta — que procura reconstruir o poder da Igreja na sociedade.

Mas para o arcebispo do Recife, a Ação Católica, que abriu o caminho para a conquista das responsabilidades dos leigos — *foi nosso seminário, nosso noviciado. Formou alguns de nossos melhores militantes. Ela preparou o Concílio*,[5] reconhece Dom Hélder — não é o único meio que se oferece aos leigos. Não seria por que os mais pobres, os analfabetos, são colocados à margem desses movimentos. E, portanto, explica ele, quando se lê uma passagem do Evangelho *com freqüência alguém fica admirado ao ver que os comentários, os mais profundos, os mais vividos, vêm de pessoas mais pobres e mais simples.*[6] Daí sua preocupação pelo desenvolvimento das comunidades eclesiais de base, as CEBs, como são chamadas no Brasil.

Foi de fato no chão latino-americano que nasceram e se desenvolveram as comunidades de base. Uma nova forma de vida paroquial? Certamente não! *É*, explica Dom Hélder, *um movimento de fecundidade e de vitalidade*

---

[5] *Ibidem*, 117.
[6] *Las conversiones de un Obispo*, 119.

bíblicas. No seio das CEBs, o povo, no sentido nobre do termo, escuta e se alimenta da Bíblia. Ele toma consciência de que é "povo de Deus", que tem valor aos olhos de Deus mesmo se não o tenha diante dos olhos dos poderosos. Desde então ele descobre que é chamado a tomar sua vida nas mãos para fazê-la mais humana.

Na diocese de Recife, as comunidades de base receberam o nome de "encontro de irmãos". Tudo partiu, diz José Ernanne Pinhero — que como reitor do Seminário regional do Nordeste, coordenador da pastoral da arquidiocese e diretor do Instituto de Teologia de Recife (cf. *Sexto dia*), foi um dos mais próximos colaboradores de Dom Hélder — de uma semana de evangelização organizada pela equipe de catequese da arquidiocese, em 1969, no decorrer da qual o arcebispo diariamente interveio pela rádio. Monitores (setenta) tinham sido formados para animar as pequenas comunidades e ajudá-las a mudar, a partir da reflexão de Dom Hélder. A reflexão dos grupos era alimentada de fatos da vida cotidiana, os participantes faziam assim a ligação entre sua vida e a Palavra de Deus. Tal foi o sucesso que os grupos se multiplicaram, que o programa de evangelização prosseguiu além da semana prevista... Os monitores formaram outros. Nascera um grande movimento de evangelização popular. Constituiu-se uma equipe de animação para ajudar as novas comunidades...

Nada de padre à frente. Padres, bispos, religiosos participam, com certeza. Eles não estão aí para trabalhar, "para o povo", mas para se alimentar da Palavra de Deus e vivê-la "com" o povo. Os "encontros fraternos", as comunidades eclesiais de base são um corpo onde circula um sangue novo, onde, juntos, busca-se ser ou tornar-se cristãos.

Através das CEBs, das novas responsabilidades assumidas pelos leigos na América Latina como em todo o mundo, assiste-se à emergência de novos ministérios: Amanhã, serão eles [os leigos] *que animarão as comunidades eclesiais e que levarão no mundo o fermento do Evangelho. Nós estamos num grande começo*, alegra-se Dom Hélder.

Oitavo dia

O BISPO "VERMELHO"

Se há pessoas com fome, temos de nos ocupar do problema da fome! Não será este o momento de discutir teorias abstratas, de argumentar se se trata ou não de paternalismo cuidar dessa tragédia universal. [...] Essa fome e essa miséria sendo conseqüência das injustiças e das estruturas da injustiça, o Senhor exige de nós que as denunciemos com firmeza. Isso faz parte da propagação da Palavra. A denúncia da injustiça é um capítulo absolutamente necessário do anúncio da Sagrada Palavra![1]

A decisão de Hélder Câmara de consagrar sua vida aos pobres e o longo caminho de conversão sobre o qual ele então se engajou orientaram definitivamente sua existência. Quem diz "orientação" diz também que sua caminhada prossegue até ao fim, sua vida é um combate jamais terminado em favor da dignidade e da defesa dos mais pobres.

---

[1] *O Evangelho com Dom Hélder*, 67

Quando bispo auxiliar do Rio começa a retirar os favelados da cidade. Sabe que pode contar com o apoio do governo brasileiro, em particular do presidente Kubitscheck (1956-1961), muito desejoso de colaborar com a Igreja. Com certeza a operação não é na verdade um sucesso, mas chama a atenção dos responsáveis do Estado do Rio de Janeiro que, desde então, assumem as coisas como um dever.

Por sua parte, Dom Hélder começa a analisar as causas dessa miséria: se as favelas se desenvolvem a um ritmo tal é porque as grandes cidades atraem um número cada vez maior de trabalhadores rurais pobres, que não podem alimentar suas famílias. As raízes das favelas estão, pois, no campo. Mas por que são obrigados a deixar suas terras? Muito rapidamente Hélder chega à conclusão de que é preciso mudar as estruturas que são injustas e ele espera firmemente que a SUDENE (Superintendência para o Desenvolvimento do Nordeste), um organismo do Estado criado por estímulo da Igreja, será capaz de provocar as mudanças necessárias. Infelizmente, deveria reconhecer mais tarde,

nós não percebíamos que trabalhar ligados ao governo constituía uma aprovação da ordem estabelecida e uma aprovação indireta das injustiças perpetuadas por esta ordem estabelecida...[2]

Nessa época em que tanto se fala de "desenvolvimento" no Brasil, vislumbra-se toda uma série de reformas, a começar por uma reforma agrária. Por falta de vontade política ela nunca foi realizada e a palavra "desenvolvimento" ficou limitada somente ao crescimento econômico... *sem ver que isto favorecia apenas a grupos privilegiados e que se levava a cabo à custa da proletarização crescente das massas*,[3] constata com tristeza Dom Hélder.

No dia 12 de abril de 1964 Dom Hélder toma posse da sede do arcebispado de Recife. Alguns dias antes, no dia 31, aconteceu o golpe de Estado no Brasil, por parte dos militares, o primeiro na América Latina: a ditadura que dele nasce irá durar mais de vinte anos.

Desde então, pelo menos para Dom Hélder, as coisas ficam claras. Se alguns de seus colegas, que haviam se posicionado em favor dos pobres, dos oprimidos, dos sem voz, têm dificuldade de se situar frente à nova ditadura, ele,

---

[2] *Las conversiones de un obispo*, 88.
[3] *Ibidem*, 89.

de agora em diante, sente-se livre de todos os laços que ainda podiam prendê-lo ao poder. Ele está livre para mergulhar no mundo dos pobres que se tornam seu mundo.

Privado das relações políticas de que se beneficiava no Rio, perde também o poder que tinha na CNBB: em 1964 não é mais recolocado ao cargo de secretario geral que até o momento exercia. Porque quis encorajar a promoção humana do povo, despertar sua consciência crítica, tornou-se "subversivo" , um "comunista" ... E ele constata:

> Quando dou de comer aos pobres, chamam-me de santo. Quando pergunto por que são pobres, chamam-me de comunista!

Dom Hélder, entretanto, nunca teve simpatia especial pelo comunismo que ele considerava *antes de tudo como uma máquina de tomar o poder, em nome do povo, para logo depois transformar-se noutra máquina destinada a manter e ampliar esse poder contra o povo.*[4] Para ele, no entanto, o perigo mais grave não é o comunismo mas *a miséria e a injustiça, o desespero dos*

---

[4] *Indagações sobre uma vida melhor*, 43.

homens nos quais as ilusórias promessas comunistas mergulham suas raízes.[5]

O chão em que se enraíza todo o engajamento de Dom Hélder, por "subversivo" que seja, não é senão a herança comum de todo o povo cristão, notadamente da América Latina: o evangelho, do qual afirma que, *seguindo-o de fato, corremos o risco de problemas*. É, depois, a Encíclica *Populorum Progressio*, publicada por Paulo VI, em 1967. Sobre ela declara que *se tentarmos colocá-la em prática, fazemo-nos marxistas*. É enfim a reunião do CELAM, em Medellín (Colômbia), em 1968, solenemente aberta pelo papa e da qual participaram três de seus representantes pessoais. Os textos, votados em plena liberdade pelos delegados eleitos pelas conferências episcopais nacionais, foram examinados em Roma, e todos aprovados:

> Assim a denúncia de colonialismo que grupos privilegiados praticam, ao manter sua riqueza à custa não só da pobreza mas também da miséria de seus compatriotas dentro de nosso país e do continente, como também a injustiça estrutural que não pode ser abolida senão por uma mudança de estruturas...

---

[5] *Ibidem.*

Com certeza os privilegiados visados por esses documentos e que se dizem defensores da civilização cristã não podem atacar de frente a Igreja: a resposta vem sob a forma de acusações de infiltração marxista de que eram culpados "certos" bispos. O primeiro, seguramente, um certo Dom Hélder!

De fato, entre as estruturas colocadas em prática na diocese de Recife para trabalhar com os pobres, uma parecia particularmente suspeita para alguns: a Comissão Justiça e Paz — que Dom Hélder dizia ser o braço político da Igreja. É preciso dizer que ela surgiu em 1977, quando um dos maiores desafios do momento era a violência policial e a multiplicação de prisões, seqüestros, raptos, execuções extrajudiciais... A reputação da Comissão logo se dá junto às vítimas que reconhecem ter nela seu apoio mais seguro quanto junto ao poder, que aí reconhece um perigoso adversário. Tanto mais que, além da defesa dos presos, das famílias e dos militantes dos direitos humanos, essa comissão empreendeu uma ação de conscientização e de organização dos setores populares: se os pobres servem-se delas para reivindicar seus direitos, compreende-se que alguns tenham medo!

As ameaças não demoram. Inscrições na parede da casa de Dom Hélder são um apelo ao assassinato: "Morte ao bispo vermelho!" De início não se ousa atingi-lo diretamente. Então procura-se fazê-lo através de um de seus colaboradores mais próximos: seu secretário, o padre Antonio Pereira Neto, com 28 anos. No dia 27 de maio o corpo do jovem padre é encontrado, dependurado, numa árvore. Foi torturado, barbaramente torturado. Depois vieram ao bispo as humilhações, os vexames...

Quando se converte aos pobres, corre-se o risco de ter problemas...

Nono dia

A TENTAÇÃO DO ORGULHO

Existe um perigo real, o orgulho da humildade: "Atenção! Olhem para mim! Sou um bispo pobre, um bispo dos pobres! Não sou como esses bispos burgueses..." É o fim! Você sabe que só mais tarde compreendi que a pobreza que Deus escolhera para mim não era despojar-me de riqueza — eu não a tinha — mas tirar de mim meu prestígio, minha reputação, meu renome.[1]

Henri Dunant, Albert Schweitzer, Madre Teresa, bispo Desmond Tutu, o Dalai Lama, Nelson Mandela, Ytzak Rabin... Nessa longa lista de laureados com o prêmio Nobel, ficamos surpresos por não encontrar o nome de Dom Hélder Câmara! Vários anos seguidos, seus amigos propõem-no ao júri de Oslo: cada vez a decepção para os que apoiam o arcebispo de Recife. De modo especial na última vez, em 1973, quando são escolhidos Henry Kissinger e Le Duc Tho,

---

[1] *Las conversiones de un Obispo*, 164.

artífices da paz no Vietnã (este último recusa o prêmio).

Depois desse último golpe, organiza-se, na Suécia e na Noruega, um grande movimento para atribuir a Dom Hélder um Prêmio Popular da Paz: os donativos provêm de toda a Escandinávia, dos Países Baixos, da Bélgica, da França, da Alemanha. O total arrecadado representa mais de duas vezes o montante do Nobel: um fundo que o laureado vai empregar para comprar terras onde se prosseguirão as experiências de promoção dos trabalhadores agrícolas e de diversificação de produções, empreendidas em sua diocese.

> Eu jamais recebo os prêmios como se fossem destinados a mim, Dom Hélder, como se eu os tivesse merecido. Considero-me apenas o representante da inumerável multidão dos que, no anonimato, sem jamais ver seus nomes nos jornais, nem seus rostos na televisão, lutam corajosamente pela justiça.[2]

Se não recebe o Prêmio Nobel da Paz não lhe faltam, porém, outras distinções. Em primeiro lugar, os prêmios: dezesseis ao todo, conferidos na Europa, Estados Unidos, Japão... Cidadão de

---

[2] *Ibidem*, 74.

honra em 1967 e 1968 de oito grandes cidades brasileiras. Enfim, é quase difícil enumerar os títulos de *doctor honoris causa* que lhe são conferidos pelas maiores universidades do mundo. Mas o mais belo título, jamais recebido, foi-lhe outorgado numa paróquia do Rio, onde pregava: referindo-se àquilo que acabara de dizer, o velho pároco chama-o de "Doutor Hélder". Eu não sou doutor, lhe diz D. Hélder em voz baixa. E o padre, dirigindo-se aos fiéis: "Ele disse que não é doutor". Um homem se levanta na assistência e se põe a gritar: "Ele é doutor!" Afirmação retomada por toda a assistência: *E foi assim que obtive meu primeiro título de Doutor honoris causa*, relata Dom Hélder.

Convidado com freqüência ao exterior, grande preferido da mídia que aprecia sua palavra fácil, seus gestos expressivos, seu humor e sua abordagem calorosa, Dom Hélder não se deixa levar pelo seu sucesso e conta a seguinte anedota: ele chega ao céu e São Pedro, que o espera à porta, apressa-o a entrar. Dom Hélder, porém, olha em volta de si, hesita e acaba por perguntar ao porteiro celeste: onde estão as câmeras?

Na Igreja Dom Hélder tem também seu "tempo de glória", seja na CNBB ou no CELAM, no decorrer do Concílio ou em Roma, onde para este "pequeno" bispo as portas lhe são abertas em todos os lugares. No entanto, assim como para o Nobel, ele também não tem direito ao chapéu cardinalício. E ele fica magoado? Quando lhe perguntam a respeito, ele responde:

> *Quando o Santo Padre João Paulo II visitou o Brasil e chegou ao Recife, homenageou-me com uma frase que vale mais do que toda a importância cardinalícia. Ele se referiu a mim como "Dom Hélder, irmão dos pobres e meu irmão.*[3]

Célebre no mundo inteiro, Dom Hélder freqüenta também os "grandes" de seu país: chefes de Estado, ministros e governadores, diretores de empresa e proprietários de terras... E depois, um dia, tudo cai por terra. A chegada da ditadura torna manifesta a contradição entre as opções da política brasileira e o engajamento do arcebispo de Recife com os pobres. O pior, porém, acontece após uma conferência pronunciada em 1970, diante de um imenso público, no Palácio dos Esportes, em Paris: por ter o direito de denunciar as injustiças contra as quais os france-

---

[3] *Indagações sobre uma vida melhor*, 4.

ses deviam lutar, na França e em todas as partes do mundo, teve de ter a coragem de dizer claramente tudo o que se passava em seu próprio país. Fala, então, *não contra meu país, mas contra as torturas*. Como na Bíblia o profeta torna-se a boca através da qual Deus se expressa, assim ele se sente forçado por Deus a falar. Ele aceita tornar-se profeta diante da ditadura. Aceita também, ao mesmo tempo, aparecer desarmado diante das conseqüências de sua missão...

O eco dessa conferência chega ao Brasil: Dom Hélder Câmara, arcebispo de Olinda e Recife, vai ao exterior para combater seu país!.. A resposta é imediata: o bispo "subversivo" é proibido de falar publicamente no Brasil. A mídia desencadeia contra ele uma campanha de calúnias... à qual não pode responder. Mas isto lhe dá mais publicidade. Então fica proibido de agora em diante citar seu nome. Ele é condenado à morte civil. Ele não existe mais.

Ele, no entanto, não sabe ainda para onde Deus quer levá-lo. Se ele nunca teve a tentação do orgulho, fez, de conversão em conversão, o aprendizado do despojamento total. Os catorze anos de silêncio total, de 1985 a 27 de agosto de 1999, são uma noite interminável. Se pudesse agora sentir-se feliz pela obra concluída, Dom Hélder vê seu sucessor destruir, literalmente, o trabalho realizado na diocese durante mais de vinte anos (1964-1985): o seminário regional e o Instituto de teologia, que formaram gerações de padres e bispos, foram fechados; a Comissão Justiça e Paz, dissolvida; os camponeses sem terra que ousaram acampar diante do palácic episcopal para pedir a proteção do bispo são dispersados pela polícia militar, a pedido do pró prio locatário desses lugares; muitos padres próximos de Dom Hélder, são expulsos da diocese...

Dom Hélder, entretanto, apesar do sofrimento que partilha com os mais íntimos, continua a *esperar*, até o fim; *contra toda esperança*. Prosseguindo, sem dúvida, sua meditação sobre a humildade de Deus:

> Deus sabia que lhe seria impossível criar outro Deus: outra Sabedoria Infinita, outra Infinita Santidade, outro Infinito Poder Criador... Criando, estaria, necessariamente, criando o imperfeito, o finito, o limitado. Com humildade que devia comover, e com audácia digna de Deus, ele criou! [...] A culminância da humildade divina na criação foi quando Deus, tendo diante de si apenas criaturas, escolheu a criatura humana para fazer do homem um co-criador: encarregado de completar a criação e de ajudar a natureza a explicitar todas suas potencialidades.[4]

---

[4] *Quem não precisa de conversão*, 13, 15.

Décimo dia

UMA NÃO-VIOLÊNCIA ATIVA

A não-violência pode não querer que haja vítimas no campo de seus opositores, mas deve estar preparada para aceitar que elas ocorram no seu próprio lado! A dificuldade maior, a meu ver, é a de medir bem as coordenadas, de preparar e organizar tão profunda e seriamente a ação não-violenta que o povo não a abandone ao primeiro revés. Não há exemplo, na história, de êxito sem sacrifício na luta contra a opressão e a injustiça. Mas é preciso convir que os sacrifícios admitidos pela não-violência preparam melhor o futuro e a reconciliação do que aqueles impostos pelas ações violentas...[1]

No contato com os pobres Dom Hélder logo descobre que a pior das ameaças, *a pior das bombas nucleares, pior que a bomba A, é a bomba M, a bomba da miséria.* Porque *a miséria é vio-*

---

[1] *Indagações sobre uma vida melhor*, 97.

lência, e os povos subdesenvolvidos são esmagados por uma tríplice violência: a violência dos opressores que constitui o pequeno grupo de privilegiados, cuja riqueza se alimenta da miséria de milhões de seus concidadãos; *a violência exercida contra o mundo subdesenvolvido pelo mundo desenvolvido*, através de trocas comerciais, exploração de recursos naturais e mesmo as "ajudas" que reforçam a dependência; enfim *a violência de defesa da ordem estabelecida*,[2] que leva a qualificar de subversão toda tentativa de mudança dessa ordem.

A essa tríplice violência Dom Hélder contrapõe a força da não-violência ativa — declarando-a ser boa, segundo a expressão de Roger Schutz [o fundador de Taizé]: "a violência dos pacíficos". Veríamos aí um sinal de fraqueza? Uma aparente covardia? Ou ainda uma forma de passividade? Certamente, não! Uma não-violência que não se preocupasse em ser verdadeiramente capaz de fazer história seria apenas uma variante do pessimismo, mascarada de bons princípios e sentimentos![3]

A escolha da não-violência não é, pois, uma escolha moral e evangélica, mesmo se Dom

---

[2] *Utopias Peregrinas*, 49-54.
[3] *Indagações sobre uma vida melhor*, 80.

Hélder Câmara reconheça que muitos dos cristãos façam essa escolha por fidelidade, a exemplo do Cristo: é também uma escolha tática.

Escolha evangélica, de início, fundada sobre a mediação das Bem-aventuranças. Comentando o Evangelho de Mateus (5,1-12) , ele insiste:

> Cada bem-aventurança tem seu encanto especial. Gosto muito de ler, em São Mateus, quando Jesus fala dos humildes que herdarão a terra. Não apenas o céu e a eternidade, mas a terra! Penso nisso quando vejo tantas pessoas duvidarem da eficácia da não-violência ativa: "Se não respondermos com violência, estaremos liquidados!" Não afirmo que a doçura, a bondade, a mansuetude nos permitirão conseguir tudo o que quisermos. Mas estou convencido de que o que não conseguirmos por meio delas, certamente não conseguiremos obter pela violência.[4]

Escolha tática também. De resto, afirma ele, apoiando em exemplos, a não-violência nos deu a prova de sua eficiência. Ele cita, com toda segurança, a ação do irmão Martin Luther King

---

[4] *O Evangelho com Dom Hélder*, 69.

em favor da dignidade dos negros dos Estados Unidos e a de Ghandi, na Índia, contra as injustiças sociais e contra o império britânico. Também a do povo húngaro, no século XX, que chegou a ter um estatuto de autonomia no seio do império austríaco; os dinamarqueses cujo comportamento coletivo durante a segunda guerra mundial, impediu uma ação policial contra os judeus, programada pela SS; ou ainda o combate pacífico dos camponeses de Larzac contra a extensão das zonas militares na França... E, insiste ele, as vitórias assim obtidas têm, sobre as ganhas pelas armas a imensa vantagem de não precisar das armas para se inscrever em sua duração.

Analisando os diferentes "combates" não-violentos realizados no mundo, Dom Hélder constata que eles não consistem somente numa recusa absoluta de toda forma de violência — se a não-violência aceita que possa existir vítimas em suas fileiras, ela recusa-se a fazer isso nas fileiras do adversário — mas que, comportam de modo especial uma estratégia adaptada aos contextos locais. *Essa estratégia adapta-se evidentemente à natureza do conflito a ser resolvido e às forças presentes*, explica ele. Porque trata-se de desestabilizar um poder injusto, de reverter uma situação inaceitável. Aqui, será a recusa de obedecer às ordens de um poder ilegal; lá, o não pagamento de impostos; ou ainda a greve geral...

A estratégia da não-violência exige também o diálogo incansável com os agentes mais ou menos convencidos, ou mais ou menos resignados do poder injusto, buscando estimulá-los a se dedicarem, antes tarde do que nunca, ao bom combate pela Justiça.[5]

Diálogo ou interpelação: com obstinação, tanto tempo enquanto puder falar, Dom Hélder procura dialogar ou interpelar o poder militar, os grandes proprietários de terras, os responsáveis da polícia ou da justiça e todos os que utilizam a parcela do poder de que dispõem para oprimir os mais fracos que eles.

É também no quadro da não-violência ativa que é preciso situar o engajamento de Dom Hélder na educação dos mais pobres: ajudá-los a tomar consciência de sua situação, a administrá-la, a reivindicar seus direitos..., é trabalhar de maneira pacífica para a transformação radical de uma sociedade injusta. Assim a ação levada no domínio do desenvolvimento, não so-

---

[5] *Indagações sobre uma vida melhor*, 93-94.

mente no Brasil, mas no mundo todo: trazendo um início de solução ao problema da fome, da pobreza, da injustiça, contribui-se para não detonar uma situação explosiva, ao mesmo tempo em que se abrem as portas do futuro.

Seguramente, o ideal seria que todo o mundo se engajasse na não-violência ativa. Insiste ainda de forma realista o arcebispo de Recife:

Temos a responsabilidade de agir neste mundo tal como ele se apresenta de fato, ou seja, de não esperar que todos cheguem à consciência da necessidade da possibilidade da não-violência. Caso contrário, cairemos todos no imobilismo. Não se esqueçam de que a não-violência tem entre seus propósitos o de fazer com que cedam diante dela até mesmo os seus adversários mais violentos... [...] Não se desprenda daí que, antes de agir, deveremos converter tais adversários à não-violência! É por isso que ela é uma tática para os dias de hoje, não os de amanhã!...[6]

Enfim, para Dom Hélder a não-violência se situa na perspectiva evangélica do perdão: a não-violência é um caminho de transformação radical de um mundo que, da injustiça chegará à reconciliação e a reconciliação implica perdão.

---

[6] *Ibidem*, 97.

Quando chegou em sua diocese de Olinda e Recife, Dom Hélder insiste: Eu sou o bispo de todos. Depois dos piores momentos da repressão ele não cessa de chamar os policiais de irmãos. Irmãos de sangue, como são seus irmãos os pobres: porque ele sabe que também por eles, os policiais, os torturadores, Cristo derramou seu sangue.

Perdoar, porém, não significa fechar os olhos para as injustiças, as detenções arbitrárias, as violações dos direitos humanos. Quando o padre Pereira Neto, seu secretário, foi assassinado ele diz:

> Como cristão e a exemplo de Cristo e do protomártir Santo Estêvão, pedimos perdão a Deus para os assassinos, repetindo a palavra do Mestre: Eles não sabem o que fazem. Mas julgamo-nos no direito e no dever de erguer um clamor para que ao menos não prossiga o trabalho sinistro desse novo esquadrão da morte.[7]

Porque não há perdão sem justiça, perdão sem respeito aos direitos das vítimas.

---

[7] *Hélder, o Dom: uma vida que marcou os rumos da Igreja no Brasil*, 193.

Décimo primeiro dia

O EVANGELHO LIBERTADOR

É possível que muitas pessoas não hajam compreendido bem a essência da "teologia da libertação", pois ouviram dizer que ela tinha influência marxista, ou coisa parecida. Mas há também os que a entendem, adequadamente, como a redescoberta do poder revolucionário do amor de Deus na história dos homens, o que lhes parece muito perigoso. É por isso que se vê tanto debate em torno da "teologia da libertação", embora seja indiscutível que o Cristo queira que todos os homens lutem pela libertação de seus semelhantes. O progresso humano, a campanha contra as causas das injustiças, a conquista da dignidade são a maneira mais direta dos homens poderem cooperar para sua própria redenção e salvação, causas pelas quais o Senhor deu Sua vida.[1]

Dom Hélder consagrou toda sua vida à promoção humana e à luta contra a injustiça, ou seja

---

[1] *Indagações sobre uma vida melhor*, 35.

também contra as causas das injustiças. Para ele, agir assim é procurar permanecer fiel ao Evangelho:

> *Como o Pai, o Criador, nos quer co-criadores, assim o Filho, o Redentor, nos quer co-redentores, continuando a libertação que ele começou: a libertação do pecado e de suas conseqüências, a libertação do egoísmo e de suas conseqüências.*[2]

É, pois, de libertação que se trata: uma palavra com forte conotação política, até revolucionária. Uma palavra que é antes de tudo bíblica, como ele gosta de lembrar:

> *Quando o povo hebreu estava esmagado no Egito, sob o jugo do faraó, gritou ao Senhor, e o Senhor escutou seu grito e suscitou Moisés para libertá-lo. Como acreditar que em nossos dias onde dois terços dos filhos de Deus vivem na miséria o Senhor ficará surdo ao clamor de seu povo?*

Daí falar de teologia da libertação não é senão um passo... que é preciso dar.

---

[2] Cf. *Las conversiones de un Obispo*, 166.

A teologia da libertação nasceu à sombra da Conferência do CELAM, em Medellín (1968), e se situa na primeira linha do Concílio Vaticano II e da Encíclica *Populorum Progressio* (1967). Como a teologia clássica, ela afirma a realidade do pecado e a impossibilidade de realizar plenamente o Reino de Deus sobre a terra. Ela é, porém, "da libertação" no sentido que, diante das perspectivas desencarnadas de uma salvação a ser abraçada no "além", afirma a necessidade da libertação histórica que de maneira imperfeita já anuncia a Salvação, a Redenção realizada em Cristo Jesus.

A teologia da libertação foi muitas vezes considerada com desconfiança. Certamente, houve excessos: se alguns, que pregam a resignação e a espera de uma salvação que não acontecerá só depois da morte, vendo assim apenas a libertação espiritual, outros puderam reduzi-la à libertação humana, tomados que estavam pela urgência de ajudar os pobres a se libertarem. Dom Hélder rejeita todo radicalismo deste tipo: *As duas libertações são inseparáveis e o cristão aí deve trabalhar.*

São inúmeros os exemplos dos Evangelhos a respeito dessa dupla libertação. Assim, o episódio do paralítico (Mt 1,1-9) é eloqüente: a libertação do pecado — "tem confiança, teus pecados são perdoados" — vem acompanhada da libertação da doença: "levanta-te e anda!" E essa libertação física, essa cura do homem enfermo é o sinal de que "o Filho do homem tem poder sobre a terra de perdoar os pecados". Ela é anúncio da Salvação.

Dom Hélder não é, certamente, o pai da teologia da libertação. Ele mesmo o remete ao teólogo peruano Gustavo Gutierrez. Mas, como afirma o jesuíta brasileiro João Batista Libânio[3], "a teologia da libertação (TL) tem seus grandes teólogos como G. Gutierrez, L. Boff e outros. Tem também seus profetas. Entre eles, está a pessoa ímpar de D. Hélder".

Dom Hélder é de fato profeta da teologia da libertação. No coração da mais atroz miséria, nas horas mais sombrias da ditadura militar, mantém, incansavelmente, viva a pequena chama da liberdade, pede respeito aos direitos do homem, convida a fazer acontecer no Brasil sua dignidade. Percorre os caminhos do mundo para fazer conhecida a situação de seu país, para despertar as consciências a todas as formas de injustiças que se propagam nos quatro cantos do planeta, para suscitar a solidariedade, a recusa da desordem estabelecida... Ele é, como diz ain-

---

[3] *Hélder, o Dom: uma vida que marcou os rumos da Igreja no Brasil*, 137.

da J. B. Libânio "uma utopia viva percorrendo o mundo". Porque a utopia, longe de ser uma idéia inacessível, é esta força de mobilização que faz viva a esperança e impulsiona à ação.

Quem diz "ação" diz também análise, para colocar os fundamentos da ação. Análise das causas socioeconômicas e políticas da pobreza, denúncia do egoísmo... Os teólogos da libertação entregaram-se a essa análise. Dom Hélder não hesita em denunciar a responsabilidade daqueles que fundam suas riquezas e poder sobre a miséria de seus irmãos.

Não faltam críticas aos sustentadores dessa teologia — ao mesmo tempo pragmática — porque enraizada na realidade econômica e social, e transcendente, porque desde já ela anuncia a Redenção. Dom Hélder não escapa disso. Acusações hábeis de poderosos que se proclamam fiéis à Igreja e defensores da ordem cristã: em vez de se ocupar diretamente com um bispo, eles denunciam as "infiltrações marxistas" no seio da Igreja e uma interpretação contestável dos textos do Vaticano II e de Medellín. O Vaticano também faz eco a essas acusações. Não condena abertamente a teologia da libertação, mas proíbe seus propagadores de ensinar ou de falar publicamente, ou lembra "discretamente" a um bispo que seu lugar é na diocese e que autoridades

86

eclesiásticas vêem, com muita reserva, suas viagens ao exterior...

Quanto à acusação de marxismo, o bispo de Recife logo responde. Em Filadélfia, Estados Unidos, na celebração do 41º Congresso Eucarístico Internacional (1976), coloca as coisas em ordem: *Quem tem Jesus Cristo não precisa de Marx!* Diz: o Evangelho, as encíclicas sociais, os textos do Vaticano II e de Medellín são suficientes para motivar nosso engajamento no serviço da promoção humana.

Assim a teologia da libertação, longe de inspirar ideologias atéias ou de querer trair a Igreja e seu Fundador, traduz hoje a opção de Deus pelos pobres e a prática de Jesus. Dom Hélder poderia tomar, sem dúvida, como suas estas palavras de Gustavo Gutierrez: "Para mim, escrever sobre a teologia da libertação equivale a escrever uma carta de amor a Deus em quem creio, à Igreja que amo, ao povo a que pertenço".

Décimo segundo dia

A EUCARISTIA NO
CENTRO DA VIDA

O que é formidável é constatarmos que a missa ultrapassa sua duração e se estende por todo o dia: tudo se converte em ofertório. Não atravesso o dia com braços erguidos, como diante do altar, pois as pessoas não me compreenderiam e até me tomariam por louco, mas, espiritualmente, é dessa maneira que realizo meus encontros do dia-a-dia, trazendo ao conhecimento de todos as alegrias e os sofrimentos, as esperanças e os medos, as virtudes e as fraquezas, as coisas que podemos ver e ouvir, ou imaginar e sonhar...[1]

Àqueles que pensam que se deve escolher entre ação e oração ou que a urgência da ação não deixa tempo à oração, ou ainda que a oração basta a si mesma... e que... Deus fará o resto, Dom Hélder desmente com vigor. Se há

---

[1] *O Evangelho com Dom Hélder*, 166.

um homem da Igreja que age sem poupar seu tempo nem sua fadiga, é ele! Se há um homem de Igreja que vive em constante relação, em diálogo íntimo e contínuo com Deus, é ele ainda!

Ah! As orações!... Estão conosco a cada instante de nossas vidas! Deus não nos abandona e está em todos os lugares ao mesmo tempo. Dia e noite, mesmo que não o saibamos, estamos mergulhados dentro dele. A cada passo, a cada palavra, a cada sopro de vida, estamos sempre dentro dele. Da mesma forma Ele está sempre dentro de nós.[2]

Não é necessário dizer que Dom Hélder vive em relação permanente com Deus: ele está em total e constante união com Ele, ele é "um" com o Cristo. É por isso que gosta de repetir a bela oração do cardeal britânico John Henry Newmann (1801-1890): "Senhor Jesus, não vos escondais desta maneira dentro de mim! Olhai através de meus olhos! Escutai por meio de meus ouvidos! Falai por intermédio de minha boca! Andai com minhas pernas! Senhor, que minha pobre presença humana possa, ain-

---

[2] *Indagações sobre uma vida melhor*, 11.

da que de longe, dar uma idéia de Vossa divina presença!"[3]

Entretanto esse homem de ação, que quer deixar o Cristo agir através dele, sabe reservar-se a longos tempos de oração. Melhor: respondendo ao convite do Cristo a seus apóstolos no Jardim das Oliveiras, na noite da Sexta feira santa — "Vigiai e orai!" — ele, toda noite, esteja cansado ou não ou sofrendo os efeitos de fuso horário em suas viagens, ele se levanta às duas horas da manhã e mergulha na oração. Um hábito adquirido desde o seminário. "Mergulha": é a palavra adequada a essas duas horas intensas de intimidade com Deus. Ele mergulha na oração como numa água vivificante da qual sai reposto, pleno de um ardor renovado.

Essas horas de vigília permitem-lhe refazer a unidade de sua vida, de recapitular os acontecimentos e os encontros do dia que se foi, de "se recolher" depois de ter "colhido" os fatos, pequenos e grandes de sua jornada. Nesse momento também, ao rezar o Ofício das Matinas, está em união misteriosa mas real com todos os religiosos do mundo que, como ele, se levantam para cantar a glória de Deus no silêncio da noite. A

---

[3] *Ibidem*, 22.

calma dessas horas é propícia à reflexão: ele põe em dia suas correspondências, prepara suas conferências... Muitas vezes ainda saem de seus lábios poemas, meditações sobre as rosas de seu jardim, sobre a calçada que se vê diante de sua casa, sobre a árvore que bem sabe envelhecer, ou as mãos dos artistas, dos médicos e daqueles que doam... E depois Dom Hélder prepara a missa que celebra de manhãzinha, depois de um novo tempo de sono.

A missa. A eucaristia. Para ele a missa não é um momento intenso de sua vida de padre: é **A** vida toda inteira.

Ele celebra a missa lentamente, sem gestos supérfluos, enquanto um sorriso ilumina seu rosto. A missa é para ele *o ponto alto de cada dia*. A missa, escreve ele, recapitula e engloba toda a vida, através destes três momentos essenciais que são o Ofertório, a Consagração e a Comunhão, que se prolongam ao longo do dia...[4] Nutrido do Cristo cada manhã na eucaristia, ele o faz circular entre os homens e mulheres que encontra.

Um incidente acontecido em sua diocese mostra bem esta capacidade que ele tem de descobrir sem cessar o rosto de Jesus no rosto dos pobres: ladrões entraram numa igreja e, para rou-

---

[4] Cf. *Mille raisons pour vivre*, 90-93.

bar o cibório, forçaram o sacrário e jogaram as hóstias consagradas no chão. Os paroquianos pediram a Dom Hélder para presidir uma eucaristia de reparação. Ele aceita e, no dia marcado, estando reunida a comunidade, reza assim:

Senhor, eu te peço perdão em nome de meu irmão, o ladrão. Ele não sabia o que fazia. Ele não sabia que tu estavas verdadeiramente vivo e presente na eucaristia. O que ele fez choca-nos profundamente. Mas meus amigos, meus irmãos, como somos todos cegos! Estamos chocados porque nosso irmão, este pobre ladrão, jogou as hóstias, o Cristo eucarístico no chão, mas no chão vive o Cristo diariamente, entre nós, no Nordeste. Precisamos abrir os olhos![5]

Vivendo em constante presença do Cristo, Dom Hélder, naturalmente, se volta também para sua mãe:

Não é necessário esforço maior para darmos a Maria seu verdadeiro lugar em nossas vidas: ela é uma criatura, mas uma criatura especial, pois foi escolhida pelo Pai para ser a mãe

---

[5] *Las conversiones de un Obispo*, 153.

de Seu Filho divino e, igualmente, a mãe de todos e cada um de nós.[6]

Como uma criança ele dirige-se a ela com toda a simplicidade, para confiar-lhe, por exemplo, a unidade da Igreja:

Mãe, que tantas vezes remendaste as roupas de Cristo — e teus remendos eram feitos com tanto amor que desapareciam aos olhos dos próprios anjos! — junta os pedaços da túnica de teu Filho e restaura, Senhora, a veste simbólica que um dia tuas mãos teceram...[7]

Dom Hélder estabelece uma relação toda especial, feita de afeto e de confiança, com seu Anjo da Guarda a quem deu o nome que não pôde ser o seu: José. Sua prece dirige-se também aos santos — *Eles não são deuses, por certo, mas constituem modelos de vida para todos nós*[8] — e particularmente a dois deles que lhe são como irmãos mais velhos: Vicente de Paulo e Francisco de Assis. Dois santos que escolheram a "Dama

---

[6] *Indagações sobre uma vida melhor*, 12.

[7] *Nossa Senhora em meu caminho*, 27.

[8] *Indagações sobre uma vida melhor*, 12.

Pobreza": Vicente de quem aprendeu que é preciso "conquistar por amor o direito de doar"; Francisco, irmão dos animais, da terra e das estrelas, que convida a natureza a louvar com ele o Senhor. Como Francisco, Hélder Câmara tem seus *Fioretti*: as rosas de seu jardim, rosas que oferece a Deus, em braçadas: rosas para meu Deus, meditações sobre a rosa, símbolo do amor...

A rosa: símbolo também do efêmero, da brevidade da vida. Convite a meditar sobre a vida e a morte:

> A morte não me preocupa. O lema de minha vida e de meu episcopado é: "In manus tuas", "Em tuas mãos". O Senhor me protege de tal modo que chego a me entregar com uma confiança absoluta em suas mãos de Pai... Quando virá a morte? A morte não o preocupa. O importante é preparar desde já o desembarque final para dar o testemunho de uma morte vivida como começo da verdadeira vida.[9]

O lugar da oração, da eucaristia na vida de Dom Hélder? É o mesmo que falar do lugar do ar ou da água em nossa vida o ar e a água são a vida. A oração, a eucaristia são a água e o ar da vida de Hélder Câmara.

---

[9] *Las conversiones de un Obispo*, 207.

Décimo terceiro dia

O MAIS IMPORTANTE
ECUMENISMO

Bem imagino a surpresa que muitos terão quando souber que o Senhor dirá àqueles que sem o conhecerem — ou reconhecerem — viveram a fraternidade universal: "Agradeço-vos por me terdes acolhido, tratado, vestido, alimentado, defendido e amparado contra a injustiça..." Muitos cristãos, muitos católicos terão surpresa ao constatar que não serão eles os únicos convidados a entrar na casa do Pai... Pois o coração do Pai é muito mais amplo que os registros de todas as paróquias do mundo e o Espírito Santo sopra em todas as direções, mesmo aquelas onde os pés dos missionários não tenham pousado...[1]

A escolha do lugar é significativa: para a cerimônia de sua tomada de posse na sede epis-

---

[1] *Indagações sobre uma vida melhor,* 21.

copal de Olinda e Recife, Dom Hélder Câmara prefere, às paredes protetoras de sua catedral, uma praça central da cidade. E seu discurso não se dirige apenas aos católicos, mas a todos, crentes ou não:

> Minha porta e meu coração estarão abertos a todos, a todos sem exceção. O Cristo morreu por todos os homens: eu não quero excluir ninguém do diálogo fraterno.

Com o coração aberto a todos, de modo especial aos mais pobres, ele discerne em cada pessoa com quem se encontra o rosto de Cristo: a pobreza é "ecumênica" e não faz distinção entre o católico e o não-católico, entre cristão e crente de outras religiões ou ainda não-crente. Vindo, diz ele logo de início, não para ser servido, mas para servir, Dom Hélder é "doado" a todos os habitantes de sua diocese.

O ecumenismo vivido por ele se estende pois, em ondas sucessivas, da comunidade católica que lhe é confiada a todos os crentes e ao mundo inteiro. Ele teve a ocasião de manifestar esta abertura, tão surpreendente pareça ser, no seio de seu clero. É o que diz o padre Marcelo Barros, teólogo, prior do mosteiro beneditino de Goiás, que foi um seu colaborador próximo: "Em

Recife ele encontrou um clero em que alguns eram conhecidos por suas posições conservadoras. Jamais alguém pode dizer que foi favorecido ou excluído pelo arcebispo. Ele mesmo gostava de repetir: "Se você concorda comigo, você me confirma, mas se não concorda, me ajuda mais porque me obriga a aprofundar meu ponto de vista".[2]

É certo que o Concílio Vaticano II muito contribuiu para a abertura ecumênica de toda a Igreja, e de modo todo especial de Dom Hélder. É preciso recordar que foi na basílica de São Pedro, em Roma, no dia 25 de janeiro de 1959, quando cristãos de diversas confissões celebravam o fim da semana de oração pela unidade dos cristãos que o papa João XXIII anunciou: "O Espírito de Deus me inspirou a convocar um Concílio ecumênico para renovar a Igreja Católica e prepará-la para se abrir a outras Igrejas".

Se ele não se manifesta na assembléia conciliar, realiza, porém, importante papel nos corredores do concílio, principalmente reunindo bispos e teólogos do mundo todo e encontrando-se com outras Igrejas cristãs, convidadas como observadoras. Vê a morte de João XXIII,

---

[2] *Hélder, o Dom: uma vida que marcou os rumos da Igreja no Brasil*, 180.

no final do Concílio, como sinal de Deus para reunir os homens. Ele relata como *certos bispos que sonhavam com um gesto profético* previam, com o encerramento do concílio, levantar-se e proclamar João XXIII santo.

> Mas nossos irmãos protestantes que estavam ali como observadores nos abriram os olhos: "Atenção! Se vocês canonizarem João XXIII, vão criar um problema para nós. Porque João XXIII não pertence só a vocês, católicos. Ele é nosso também. Não se apropriem daquele que no plano de Deus é para todos".[3]

É no decorrer do Concílio que Dom Hélder conhece o protestante Roger Schutz, fundador da comunidade ecumênica de Taizé. Uma amizade profunda liga os dois e na cabeça de Dom Hélder nasce um grande projeto: fundar em sua diocese uma comunidade monástica ecumênica que testemunharia a possível reconciliação entre as Igrejas. Em março de 1967 irmãos de Taizé desembarcam em Olinda e são acolhidos no mosteiro beneditino. "Durante três anos fiz parte desta fraternidade, atesta Marcelo Barros. Dom Hélder considerava esta experiência como *uma madru-*

---

[3] *Las conversiones de un Obispo*, 158.

gada luminosa que anuncia o dia que ainda não chegou".[4] A experiência não agradou a Roma, onde Dom Hélder foi acusado de "favorecer" o protestantismo no Brasil. Uma acusação que não se preocupou em responder. Ele solicita a colaboração de padres e de religiosos engajados no diálogo ecumênico de sua diocese. Deseja, de modo especial, que o serviço dos mais pobres seja um testemunho comum dos cristãos. Surge uma equipe fraterna composta de membros de várias Igrejas protestantes e católica.

Essa equipe não demora em tomar a iniciativa de constituir uma paróquia ecumênica num bairro novo de Olinda. Numa única e mesma igreja, com horários reservados, as diferentes confissões se sucedem para a catequese, formação bíblica...; cada qual continua a pertencer a sua Igreja de origem e é ajudado neste sentido pelos responsáveis da pastoral, mas aprende também a se abrir para outras comunidades. Sem ter estado na origem desta iniciativa, Dom Hélder dá-lhe apoio, indo bem além dos limites fixados por Roma na colaboração entre as Igrejas!

Enquanto alguns de seus colegas não hesitam em condenar os cultos afro-brasileiros

---

[4] *Hélder, o Dom: uma vida que marcou os rumos da Igreja no Brasil*, 100.

ou indígenas, que qualificam como superstição ou paganismo, Hélder Câmara não esconde seu carinho e respeito pelos líderes dessas religiões e até mesmo certa admiração por essa gente que é capaz de saltar ou dançar uma noite inteira para entrar em relação com os espíritos através do transe. No mais, ele não hesita em penetrar numa casa onde se celebra um culto para benzer seus participantes... e receber deles a bênção.

Se o ecumenismo é a busca da unidade visível entre as Igrejas cristãs, Dom Hélder vai além do ecumenismo: ele realiza o que Dom Pedro Casaldáliga, bispo de São Félix do Araguaia, outro profeta da Igreja do Brasil, chama de "macro-ecumenismo": a busca da unidade de toda a família humana. Quando, em 1974, Hélder Câmara recebe, em Oslo (Noruega), o Prêmio popular da Paz, ele pronuncia um discurso que convida a trocar *ecumenismos estreitos por um ecumenismo de dimensões planetárias*[5] em que até mesmo os humanistas ateus têm seu lugar: ao se colocar no serviço de seus irmãos, trabalhando na humanização do mundo, e sem saber eles honram a Deus.

---

[5] *Utopias Peregrinas*, 63.

Porque *a partilha da esperança não exige a partilha da fé. Os crentes sabem de onde vêm e onde colocam sua esperança. Eles têm mais responsabilidades. Os que não crêem têm em comum com os que crêem que o Senhor crê neles.*[6]

---

[6] Cf. *Deux questions pour vivre*, 30.

Décimo quarto dia

A ARTE A SERVIÇO DAS IDÉIAS

Quando me falam de sinfonia, de balé, ou de livro, quando me convidam para um programa de televisão ou um congresso ao lado de personalidades importantes, procuro sempre voltar-me para o Senhor, num momento em que ninguém possa ouvir nossa conversa, e lhe digo: "Cabe a ti decidir, Senhor, sobre esses projetos de livro, de sinfonia, e agora de balé. Se forem apenas para meu prazer pessoal, cartões de visita de minha celebridade, fácil te será impedir seu progresso. Mas se puderem contribuir para a marcha das idéias, que não são minhas, mas as que teu Espírito transmite a todos os homens simples e justos, igualmente fácil te será fazer com que se materializem. Aguardo tua decisão!"[1]

Quantas vezes os amantes de futebol, que admiram a precisão dos passes e dos chutes dos jogadores brasileiros, fizeram esta reflexão: "Que

---

[1] *Indagações sobre uma vida melhor*, 7-8.

jogada sensacional! Que artistas!" Quantas vezes os que tiveram a chance de ir ao Brasil e de ouvir nas ruas de uma cidade ou de um bairro, a música que garotos tiram de uma garrafa, de uma panela ou de dois pedaços de pau, pensaram: "Que senso de ritmo! Que artistas!" E poderíamos multiplicar os exemplos no campo da dança, da pintura... O Brasil é povo de artistas que não têm consciência de seu talento.

Para Dom Hélder os artistas são os intérpretes da criação e os que mais estão a ponto de compreender a humildade de Deus:

> *Ele, a Perfeição Suprema, aceitou criar o imperfeito, enquanto que todo o verdadeiro artista guarda sempre a esperança de, um dia, atingir a perfeição.*[2]

O arcebispo de Recife é, ele também, um artista. Ele se exprime com extraordinária facilidade em português, em francês, em inglês. Mais: ele fala com todo seu corpo. Ele "dança", ele gesticula suas conferências ou seus discursos; seu sorriso ou suas lágrimas traem suas emoções e sua extrema sensibilidade. Gosta da

---

[2] *Quem não precisa de conversão*, 13.

dança, do teatro, da música. A natureza, as pessoas, os acontecimentos são para ele uma fonte inesgotável de admiração e de inspiração. Ele escreve poemas com facilidade. Sua imaginação está sempre preparada para dar um sentido ao menor incidente: o telefone de brinquedo esquecido por uma criança, graças ao qual pode dar *telefonemas que jamais tinha conseguido fazer*; ou ainda a formiga que ele censura por ter comido seu roseiral e que lhe responde: *por que só você teria o direito de amar o roseiral?...*

Todos esses poemas, essas meditações, esses numerosos textos ficariam talvez desconhecidos, se Dom Hélder, impulsionado por seus amigos, não tivesse descoberto que este Dom de expressão podia servir às causas às quais ele escolhera dar a vida.

Desde então ele empresta sua voz aos sem-voz. As artes do palco pareciam-lhe como uma formidável tribuna para fazer entender esta voz: tanto a música como a dança. Ele pensa até mesmo em montar um espetáculo de circo... que não acontecerá.

Mas ele conseguiu ganhar a amigável parceria de Maurice Béjart: de sua colaboração nasce um balé — *A missa para o tempo futuro* — apresentado pela primeira vez em Bruxelas, na Bélgica, dia 13 de dezembro de 1983, que foi acolhido como um espetáculo de Esperança. Esperança porque através do mundo representado, enclausurado em sua mediocridade e em seu egoísmo, percebe-se o esplendor dos tempos novos e o esforço dos homens em construir um mundo mais humano. Criada há vinte anos, a *Missa para o tempo futuro* continua a trazer ainda hoje uma mensagem que varre o pessimismo do ambiente.

Depois, em 1984, a *Sinfonia dos dois mundos*, nascida do sonho de Dom Hélder de contribuir para a criação de um mundo mais humano: *Um dia pensei: e se a música pudesse ajudar-nos? A música é divina!* Ele então se lembrou de um compositor suíço, o padre Pierre Kaelin, de quem admirava várias obras. *Eu lhe entreguei um resumo de tudo o que dizia pelo mundo e pedi-lhe se aquilo poderia dar uma sinfonia.* Pierre Kaelin aceitou arriscar-se: em seis movimentos, com orquestra, coral, solistas e narrador a *Sinfonia dos dois mundos* atravessa a história da criação e do homem, do pecado e da redenção. Os grandes temas do pensamento e da luta de Dom Hélder aí são apresentados e quando ele mesmo assume o papel de narrador — *que*, diz ele, *corresponde aproximadamente ao papel do coro nas antigas tragédias gregas* — ele se engaja com todo seu ser, *sempre obediente à batuta do maestro*: suas mãos dão o ritmo à música, seus olhos ficam embaçados pelas lágrimas quando o coro evoca o espiral de violência e os dramas produzidos pelo egoísmo humano; seu rosto se ilumina quando o coro de crianças anuncia que a noite traz a aurora... E transparece também principalmente através do recitante a intimidade, a familiaridade de Dom Hélder com seu Deus: *Bravo, Senhor! Obrigado, Senhor! Não há a não ser o Senhor para ir tão longe! Vai, Senhor, vai! E coragem!* Transparece também a confiança — apesar de tudo — no homem *cocriador: homem, meu irmão e vocês as crianças que serão os homens do ano 2000, coragem!*

Através desses espetáculos — onde a exigência estética está à altura da importância da mensagem — o que Dom Hélder busca não é assentar-se na fama, mas colocar seus talentos e dos artistas a serviço das idéias que o Espírito doa a todos os homens simples e justos: poder criador e presença atenta, mas sempre discreta de um Deus de Amor, respeitoso de sua criação; poder co-criador do homem cuja inteligência é capaz do melhor como do pior; reino da injustiça e do egoísmo e capacidade do homem de vencer este espiral da violência; fraternidade de todos os homens de todos os tempos, porque são filhos do mesmo Pai e que o Filho derramou seu sangue por eles... É, pois, a mensagem, a súplica de Deus aos homens que passa através dos balés, das sinfonias, das conferências ou das intervenções radiofônicas de Dom Hélder Câmara.

Através dos poemas, das meditações, da admiração diante da natureza, das interpelações diretas a Deus nos espetáculos ou conferências, é a mensagem, a oração dos homens, seus semelhantes, que o pequeno bispo brasileiro dirige a Deus Pai, Filho e Espírito.

Intérprete dos homens junto de Deus e de Deus junto dos homens, o artista é um intermediário. Um profeta...

Décimo quinto dia

UM PROFETA PARA NOSSO TEMPO

Penso que se emprega a palavra profeta com muita exageração, como se fossem apenas um pequeno grupo de eleitos os que recebem do Senhor a responsabilidade de anunciá-lo. Em realidade, todos nós, da Igreja, temos a missão profética. A própria Igreja, como um todo, está convocada a exercê-la, quer dizer, a anunciar a palavra do Senhor e a emprestar sua voz àqueles que não a têm, a fazer, em suma o que Cristo, ao ler Isaías, proclamou ser a missão que lhe estava destinada: "O Espírito do Senhor pousou sobre mim, pois que me ungiu para que eu fosse proclamar a boa-nova aos pobres... abrir os olhos... pôr em liberdade os oprimidos...". É essa, fundamentalmente, a missão da Igreja.[1]

Com Dom Hélder acreditamos que todos somos profetas: cada um de nós, a Igre-

---

[1] O Evangelho com Dom Hélder, 58.

ja inteira. Para ser a voz dos sem-voz, para educar, para libertar e anunciar a Boa-Nova. Porque o profeta, segundo a definição do teólogo Leonardo Boff, é

> *"o homem da palavra, que denuncia, que anuncia, que consola e que constrói o horizonte utópico sem o qual ninguém nem a sociedade pode viver"*[2].

Uma definição que se liga a de Dom Hélder e que parece ser feita por ele. Na linha de Isaías, de Jeremias, dos profetas de todos os tempos: Dom Hélder, um profeta para nossos tempos.

Profeta para nosso tempo porque, ao contrário de alguns que anunciam um futuro melhor no ... além, jamais o arcebispo de Recife foge de nossa terra. Profundamente enraizado no Ceará, sua terra natal, os olhos abertos sobre o Brasil e sobre o mundo, ele fez um dia a opção preferencial e irrevogável pelos pobres. De forma incansável ele denuncia as injustiças e os mecanismos que as produzem, que ele chama de o *espiral da vio-*

---

[2] *Hélder, o Dom: uma vida que marcou os rumos da Igreja no Brasil*, 137.

lência: o fosso que existe entre países ricos e dominantes e países pobres; as desigualdades gritantes mantidas no Terceiro Mundo por alguns que juntam sua opulência sobre a miséria de seus concidadãos; os mecanismos geradores de exclusão nos países desenvolvidos. E ele interpela os ditadores, os homens políticos, os exploradores de todos os tipos... Ao mesmo tempo consola, abre sua porta a quem chama por ele, percorre as ruas lamacentas das favelas para levar uma ajuda fraterna às famílias oprimidas, organiza a Operação Esperança para reerguer aqueles que a vida esmagou...

Peregrino da paz e da não-violência, denuncia em todos os lugares a injustiça, mas sabe ver também os sinais de esperança: a generosidade da juventude, os gestos de solidariedade e de reconciliação, a coragem e a força criativa dos povos. Convidado e ouvido em numerosos países, ele é constrangido ao silêncio em seu país, como se fosse necessário mais uma vez ainda provar que ninguém é profeta em sua terra! Ele, no entanto, não toma por isso o caminho do exílio.

Nunca, jamais ele deixa sua Igreja: essa Igreja pobre e santa que ele deseja fiel ao projeto de seu Fundador. Para que ela avance nos caminhos da colegialidade e da fraternidade ele imagina a CNBB e o CELAM: para que as Igrejas locais não se fechem em sua particularidade mas se ajudem e se encorajem mutuamente em sua missão de anunciar a Boa-Nova. Porque sua Igreja se abre ao mundo de hoje, na fidelidade ao Evangelho, ele acolhe com prazer o Concílio e se mostra atuante em sua aplicação. Porque a Igreja dá testemunho de sua ligação com a justiça e verdade é que, com alguns companheiros, coloca a CNBB na resistência à ditadura, fazendo da Igreja — e das igrejas — um lugar de liberdade e de solidariedade.

Enraizado na realidade do mundo, Hélder Câmara transcende essa realidade, sem jamais fugir dela. É um visionário do presente. A comissão Justiça e Paz que criou em sua diocese de Recife, em 1977, é um sinal dessa vontade de transformar o presente. Ela é, diz ele, *o braço político da Igreja*. É ela que vai realizar seus sonhos de justiça e de paz, de justiça como fundamento da paz: defendendo tanto os prisioneiros políticos como as vítimas da violência policial, da especulação mobiliária ou dos conflitos da terra.

Profeta para nosso tempo, Dom Hélder conseguiu entusiasmar cristãos e não-cristãos. José Comblin, sacerdote belga, que foi um dos colaboradores próximos de Dom Hélder diz que "a partir de 1968 ele tornou-se o São Paulo de nosso século, o apóstolo dos pagãos, o apóstolo do mundo exterior [...]. Quando ele desembarca num país, já se sabe o que vai dizer, porque é justamente esta mensagem que desafia nosso tempo. Ele não fala das necessidades ou problemas da Igreja, mas dirige a palavra de Jesus ao mundo pagão na forma em que esse mundo pode ouvi-la".[3]

Porque a Igreja, para Dom Hélder, não existe de forma desencarnada: ela precisa, segundo o padre chileno Pablo Richard "encarnar-se em profundidade em todos os meandros da sociedade civil com a força evangelizadora que lhe é própria".[4] Não se trata de desenvolver as obras sociais da Igreja, mas de ajudar o surgimento, no seio dessa sociedade, de experiências e modos de viver que constituirão uma alternativa ao sistema

---

[3] *Dom Hélder, pastor e profeta*, 39.
[4] *Hélder, o Dom: uma vida que marcou os rumos da Igreja no Brasil*, 173.

atual de dominação de uns pelos outros. Assim a Igreja permanece fiel à mensagem do Verbo feito carne para salvar o mundo: ao se encarnar no mundo, ela lhe anuncia a Redenção.

No diálogo com todos os setores da sociedade, ao se mostrar capaz de utilizar de todos os recursos da tecnologia moderna para difundir sua mensagem, ao ser um sinal da presença da Igreja no meio do mundo, Dom Hélder Câmara aparece como um modelo de bispo do terceiro milênio. Homem da mídia, apreciado pelos produtores de televisão, sabe também manter boas relações com os jornalistas que apreciam a franqueza de seus propósitos. Homem de esperança, ele testemunha por toda sua vida, sem se cansar, a possibilidade de transformar o mundo. Homem de Igreja engajado, mas que se recusa se fechar num grupo qualquer, afirma que a fidelidade ao Evangelho não pode ser vivida a não ser no serviço aos irmãos. Homem da justiça e da reconciliação, sabe que o perdão implica a reabilitação das vítimas em seus direitos espezinhados: só a este preço será possível a reconciliação. Assim, ele próprio se cala e perdoa quando a injustiça o toca diretamente: através do perdão, ele vive a experiência da cruz — Pai, perdoai-lhes... —, porque perdoando, o ser humano responde ao perdão de Deus. Homem do diálogo ecumênico, da relação fraternal e confiante com as outras confissões cristãs, ele estende as fronteiras de sua Igreja às dimensões da verdadeira catolicidade e convida a Igreja a se abrir a toda a humanidade.

Profeta para nosso tempo no seio de uma Igreja chamada a ser profética, Dom Hélder mostra-nos o caminho...

PARA CONTINUAR O CAMINHO
COM DOM HÉLDER

Uma associação

No Brasil

Instituto Dom Helder Camara
Av. Boa Viagem, 2366 - apto. 801
51020-000 - Recife - PE
Fone (0xx81) 3326-9048 - Fax (0xx81) 467-3102
email: olivas@truenet.com.br

Na França

"Dom Helder — Mémoire et actualité", 14 bis, rue
Faidherbe, 59200 Tourcoing.
Tel.: 032026 1993; Lix: 0320277358.
E-mail: domheldercamara@compaqnet.fr.

No Brasil

Livros de Dom Hélder

Em francês

1. Les Conversions d'un évéque. entretiens avec
José de Broucker, Ëditions du Seuil, Collection
Traversée du siècle, 1977.

2. Des questions pour vivre, prefácio de José de Broucker, Éditions du Seuil, 1984.

3. Mille raisons pour vivre, apresentadas por José de Broucker, Éditions du Seuil, 1980.

4. L'Évangile avec Dom Helder, prefácio de Roger Bourgeon, Éditions du Seuil, 1985.

5. À force d'amour, Éditions Nouvelle Cité, 1987; traduzido do português *Em tuas mãos, Senhor.* Edições Paulinas.

6. Prières à Marie, Éditions Nouvelle Cité, 1988; traduzido do português *Nossa Senhora no meu Caminho,* Edições Paulinas.

Em português

1. Um olhar sobre a cidade, Civilização Brasileira, 1976.

2. Quem não precisa de conversão? Edições Paulinas, 1987.

3. Utopias peregrinas, Editora Universitária, UFPE, 1993.

Livros sobre Dom Hélder

Em português

1. Dom Hélder, Pastor e Profeta, (coletivo), Edições Paulinas, 1984.

2. Dom Hélder Câmara entre o poder e a profecia, Nelson PILETTI e Walter PRAXEDES, Editora Ática, São Paulo, 1997.

3. Helder, o Dom — Uma vida que marcou os rumos da Igreja no Brasil, organizador: Zildo ROCHA, Editora Vozes, 1999.

4. Dom Helder, o Prisioneiro do Vaticano I, Harrison OLIVEIRA, Editora Universitária UFPE, 1999.

5. Dom Hélder, o Artesão da Paz, Raimundo Caramuru BARROS e Lauro de OLIVEIRA, organizadores, Senado Federal, Coleção Brasil 500 Anos, 2000.

Em francês

1. Dom Helder Camara, la violence d'un pacifique, José de Broucker, Fayard, 1969.

2. Dom Helder Camara, Jean TOULAT, Éditions du Centurion, 1989.

3. *Dom Helder Camara, lespuissants et lespauvres,* Richard MARIN, Éditions de l'Atelier, *1995.*

Em inglês

1. *The spirituality of Dom Helder Camara - The impossible dream,* Mary HALL, Orbis Books, New York, 1980.

ÍNDICE

Introdução 5
Traços biográficos 8
1. Da terra natal para o mundo todo 14
2. A Injustiça 20
3. O Pobre e a Santa Igreja 27
4. Com os pobres 34
5. Quem não precisa se converter? 41
6. Padres no espaço e no tempo 48
7. Os leigos são a Igreja 55
8. O Bispo "vermelho" 62
9. A tentação do orgulho 69
10. Uma não-violência ativa 75
11. O Evangelho libertador 82
12. A Eucaristia no centro da vida 88
13. O mais importante ecumenismo 95
14. A arte a serviço das idéias 102
15. Um profeta para nosso tempo 108